Rheuma Kochbuch/ Ratgeber

800 Tage Die Ernährung bei Rheuma. Wie Sie mit den richtigen Rezepten Ihre Entzündungen reduzieren. Frühstücksgerichte, Smoothies, ... Suppen, Backen, etc

Eric Wirtz

Table of Contents

Vorwort

Das Wort „Rheumatismus" existiert seit Ende des 17ten Jahrhunderts und entstammt aus dem Griechischen Latein. Rheumaticus" {*„gestört von rheum"*}, bezieht sich auf Körperflüssigkeiten {rheum=fluss/ fließen"}, die schmerzhafte Erkrankungen der Gelenke, Muskeln und Sehnen hervorrufen und die Funktion der Bewegungsorgane einschränken.

350 Millionen Menschen weltweit leiden laut Schätzung an Rheuma. Alleine in der Bundesrepublik werden die Zahlen auf ungefähr 1,5 Millionen Erwachsene sowie rund 20.000 Kinder geschätzt.

Zieht man in Betracht, das Rheuma in vier Hauptgruppen unterteilt ist und mehr als 100 Krankheitsbilder beinhaltet, dann erhöht sich die Zahl der Betroffenen alleine in Deutschland auf circa 20 Millionen.

Laut Experten der Welt Gesundheitsorganisation WHO könnten sich die Zahlen der Rheuma Fälle bis 2030 verdoppeln. Drei Gründe dafür sind:

a) durch die ‚Babyboom Generation', die in der gefährdeten Altersgruppe ist,

b) dem geschätzten Anteil der 70+ Jahre alten Bevölkerung mit Rheuma, und

c) dadurch durch die bessere Aufklärung von Rheumatologen in Bezug auf Rheuma-Fällen.

Die frühesten Behandlungsversuche an Rheuma erkrankten Menschen erfolgte bereits im 7ten Jahrhundert in Mesopotamien. Schon Hippokrates beschrieb Krankheitssymptome von rheumatischem Fieber und unterschied akuten Gelenkrheumatismus von Gicht.

Im 15ten und 16ten Jahrhundert entdeckte Guillaume de Baillou das Körperflüssigkeiten vom Gehirn zu den Extremitäten fließen und dort entsprechende Beschwerden auslösen.

Zur gleichen Zeit erkannte auch Paracelsus das sich der schmerzverursachende Schadstoff im Körper wie in einem Weinfass ablagert. 100 Jahre danach erkannte Thomas Sydenham (ein englischer Arzt) das Rheumatismus auf eine Entzündung des Blutes zurückführt. Der erste Rheumafaktor wurde 1939 durch Zufall von Erik Waaler bei einer Syphilis Diagnose entdeckt.

Was ist Rheuma?

Rheuma ist eine Erkrankung mit vielen Facetten! Rheuma, im Volksmund auch Gliederreißen genannt ist ein Oberbegriff für schmerzhafte Erkrankungen die sich durch Inflammation und Schmerzen in den Gelenken, Muskeln oder Sehnen auszeichnen.

Alleine in Deutschland wissen rund 25 % der Bevölkerung wie es ist, wenn man morgens aufsteht und der Körper sich steif anfühlt, so dass man sich erst mal ‚warmlaufen' muss um wieder in Schwung zu kommen. Einfache Dinge wie Kaffee einschenken, ein Brot zu schmieren oder eine Dose zu öffnen ist oft nur unter Schmerzen möglich. Die Bewegungen sind eingeschränkt und oft schmerzhaft, der Körper fühlt sich müde und energielos an. Für viele Menschen sind dies vorrübergehende Einschränkungen; Für Leute die unter Rheuma leiden ist dieser Zustand allerdings chronisch.

Die Krankheit beginnt oft schleichend und wird oft nicht ernst genommen. Besonders ältere Menschen denken oft das ihre Beschwerden auf ihr Alter oder auf das Klima zurückzuführen sind, da oft nur die kleinen Gelenke an den Fingern und Zehen betroffen sind. Die Gelenke fühlen sich wärmer an als normal, sind geschwollen, schmerzen und sind steif. Am Morgen nach dem Aufstehen ist es oft besonders schlimm und selbst das aufdrehen des Wasserhahns oder der Zahnpasta kann schmerzhaft sein.

Wenn dieser Zustand allerdings länger als 1 Stunde anhält und mehr als zwei Gelenke geschwollen sind sollte man nicht warten und unbedingt einen Arzt aufsuchen um die Ursache zu klären, da rheumatische Erkrankungen schnell irreparable Schäden verursachen können.

Die meisten Menschen die von ‚Rheuma' reden, beziehen sich entweder auf die rheumatoide Arthritis oder Osteoarthritis. Allerdings verbergen sich hinter dem Begriff mehr als 100 verschiedene Erkrankungen die in 2 Hauptgruppen eingeteilt werden, nämlich rheumatische Arthritis und Osteoarthritis.

Die einzelnen Rheumakategorien unterscheiden sich in:

- Autoimmunbedingte, entzündliche-rheumatische Krankheiten
- Degenerative, bzw. durch Verschleiß bedingte Erkrankungen wie Arthrosen
- Stoffwechselstörungen in Verbindung mit Rheumabeschwerden, wie Gicht und andere metabolische Gelenkerkrankungen,

Eisenstoffwechselstörung und hormonelle, endokrine Gelenkerkrankungen bei Überfunktion der Nebenschild-und Schilddrüse sowie bei Diabetes mellitus, usw.

Rheumatische Erkrankungen der Muskulatur und Sehnen, z.B. Fibromayalgie (chronische Gelenkschmerzen und Schmerzen des Bewegungsapparates), Sehnenansatzreizungen und Schleimbeutelentzündungen

1. Chronische Knochenerkrankungen wie Osteoporose

Rheumatische Erkrankungen im Autoimmunbereich werden in folgende Krankheitsbilder unterschieden:

- Rheumatoide Arthritis *(chronische Gelenkentzündungen)*

- Juvenile idiopathische Arthritis *(chronische Gelenkentzündungen bei Kindern)*
- Spondylitis Ankylosans *(chronische Entzündung der Lendenwirbelsäule)*, Psoriasis-Arthritis *(Gelenkentzündung im Zusammenhang mit einer Schuppenflechte)*

- Sowie Bindegewebserkrankungen *(Kollagenosen)* und entzündliche Gefäßerkrankungen wie:
  - Lupus erythematodes *(Schmetterlingsflechte, Autoimmunerkrankung)*
  - Sklerodermie *(Autoimmunerkrankung, krankhafte Vermehrung des Bindegewebes der Haut und/oder der inneren Organe)*
  - Sjögren-Syndrom *(Autoimmunkrankeit, Trocknen der Schleimhäute)*
  - Poly- und Derma-myositis *(chronische Inflammation der Muskeln)*
  - Mischkollagenose *(milde Autoimmunerkrankung)*
  - Wegener-Granulomatose *(Morbus Wegener - Autoimmunerkrankung, Knotenbildung)* und
  - Vaskuliteden Polymyalgia rheumatica bzw. Arteriitsi temporalis *(Entzündung der Blutgefäße)*

RHEUMATOIDE ARTHRITIS (RA)

Rheumatoide Arthritis ist eine Autoimmunkrankheit, die an den schmerzhaften Gelenkveränderungen zu erkennen ist. Rheuma ist keineswegs wie viele denken eine Alterskrankheit; selbst junge Erwachsene und Kinder (juvenile idiopathische Arthritis) können von dieser Krankheit betroffen werden.

Ein gesundes Immunsystem schützt den Körper vor Fremdkörpern wie Bakterien und Viren. Bei einer rheumatoiden Arthritis ist das Immunsystem des Körpers allerdings gestört und greift stattdessen körpereigene Strukturen an.

Am häufigsten betroffen sind die Gelenke an den Fingern, Füßen und der Hand, sowie die Kniegelenke, Ellenbogengelenke und Knöchel. Die Wirkung auf die Gelenke ist meist symmetrisch, d.h., ist ein Knie oder eine Hand betroffen so ist in der Regel auch das andere betroffen. Da RA in einigen Fällen auch Herz-, Kreislauf- oder Atmungssysteme betreffen kann, spricht man deshalb von einer ‚systemischen' Erkrankung (den ganzen Körper betreffend).

Die Angriffe des Immunsystems führen zu Entzündungen des Gewebes der Gelenkinnenhaut (Synovia). Die Synovialflüssigkeit (Gelenkschmiere) wird von der Innenschicht der Gelenkkapsel (Membrana synovalis) gebildet und funktioniert wie ein Gleitfilm auf den Gelenkflächen, um reibungslose Bewegungen zu ermöglichen.

Ist die Synovia jedoch entzündet so verdickt sich das Gewebe, was wiederum zu Schwellungen und Schmerzen in und um die Gelenke führt. Im Gegensatz zu einer Osteoarthritis die durch Verschleiß entsteht kann RA wenn eine Entzündung unkontrolliert ist zu Gelenkverformungen und Knochenerosion führen.

Eine Inflammation beschädigt den Knorpel und das elastische Gewebe, das die Enden der Knochen bedeckt, sowie den Knochen selber. Dies führt mit der Zeit zu einem Knorpelverlust und einer Verringerung des Gelenkabstands zwischen den Knochen.

Die Gelenke lockern sich und werden unstabil, was zu Schmerzen und Verlust der Beweglichkeit sowie Gelenkdeformitäten führt. Da Gelenkschäden früh auftreten können und nicht rückgängig gemacht werden können, empfiehlt sich eine frühzeitige ärztliche Diagnose um die RA zu kontrollieren.

SYMPTOME RHEUMATOIDE ARTHRITIS

Rheumatoide Arthritis ist eine systemische Krankheit die den ganzen Körper betrifft. Die ersten Anzeichen bzw. Symptome von RA sind generell empfindliche, warme, geschwollene, und steife Gelenke sein. In der Regel ist die Gelenksteife morgens und nach Inaktivität schlimmer.

Hinzu kommen typische Beschwerden wie Müdigkeit und Fatigue. Die Betroffenen fühlen sich oft schlapp und ohne Energie, und leiden oft an erhöhter Temperatur oder Fieber und Appetitlosigkeit.

Die Anzeichen von RA treten normalerweise zuerst an den kleineren Gelenken die Finger mit den Händen verbindet auf oder an den Gelenken die Zehen mit den Füßen verbindet.

Im Verlauf der Krankheit breiten sich die Symptome jedoch auch häufig auf die Handgelenke, Knie, Knöchel, Ellbogen, Hüften und Schultern aus, und in den meisten Fällen treten die Symptome in den gleichen Gelenken in beiden Körperhälften auf.

Rheumatoide Arthritis kann viele, nicht verbundene Körperstrukturen betreffen. Ungefähr 40 % der an RA betroffenen Menschen leiden auch an anderen Anzeichen und Symptomen, die nicht an den Gelenken beteiligt sind, z.B. an

- Haut
- Augen
- Nieren
- Lunge
- Herz
- Nervengewebe
- Knochenmark
- Speicheldrüse oder den
- Blutgefäßen

Die Symptome von RA sind bei allen Patienten unterschiedlich ausgeprägt; bei manchen sind sie mehr oder weniger konstant, während sie bei anderen kommen und gehen. Betroffene haben oft Perioden von erhöhter Krankheitsaktivität, sogenannte Entzündungsschübe die sich mit Zeiten abwechselt, in denen der Schmerz und die Schwellung verschwindet (Remissionszeiten).

URSACHE RHEUMATOIDE ARTHRITIS

Rheumatoide Arthritis fällt in die Kategorie der Autoimmunkrankheiten. Wissenschaftler kennen die genaue Ursache dieser Erkrankung bis heute noch nicht. In einigen Fällen konnten allerdings laut Studien Familiare, sowie geschlechtsspezifische Häufungen festgestellt werden. Andere Studien haben eine große Anzahl von charakteristischen Markern gezeigt. Daraus lässt sich schließen, das diese Marker einen gewissen Einfluss auf genetische Faktoren hat.

Obwohl genetische Komponente Rheumatoide Arthritis nicht direkt verursachen, so können sie jedoch Menschen anfälliger für Umwelteinflüsse wie Infektionen mit bestimmten Viren und Bakterien machen die Krankheit auslösen können.

RISIKOFAKTOREN

- *Geschlecht*

Frauen sind häufiger von rheumatoider Arthritis befallen als Männer.

- *Alter*

Jede Altersgruppe kann von RA betroffen werden. Es beginnt jedoch am häufigsten im mittleren Alter.

- *Familiengeschichte*

Leidet ein direktes Familienmitglied an RA, so besteht möglicherweise ein erhöhtes Krankheitsrisiko.

- Rauchen

Rauchen steigert das Risiko, speziell für Menschen mit genetischer Veranlagung von RA.

- Umwelteinflüsse

Obwohl es bislang nur unzureichend verstanden ist, können Aussetzungen zu Asbestos oder Silika (Kieselsäure) das Risiko erhöhen. (Rettungskräfte, die durch den Zusammenbruch des World Trade Centers Staub ausgesetzt wurden, haben ein höheres Risiko an einer Autoimmunkrankheit wie RA zu erkranken)

- Fettleibigkeit

Leute, insbesondere Frauen bis zum Alter von 55 Jahren scheinen ein etwas höheres Risiko zu haben an RA zu erkranken

KOMPLIKATIONEN

Laut Studien haben Patienten mit Rheumatoider Arthritis ein erhöhtes Risiko folgende Krankheitsbilder zu entwickeln:

- **Osteoporose**

Vor allem ältere RA Patienten und insbesondere weibliche Patienten nach den Wechseljahren haben alleine durch ihre Krankheit und besonders im Zusammenhang mit einigen Medikamenten die für die Behandlung von RA eingesetzt werden ein erhöhtes Risiko Osteoporose (Knochenschwund) zu entwickeln. Bei Osteoporose baut der Körper entweder durch Östrogenmangel oder, bei einer sekundären Osteoporose durch Erkrankungen immer mehr Knochengewebe ab. Dies hat zur Folge das die Knochen dünner und poröser werden und ein erhöhtes Risiko von Frakturen besteht.

- **Rheumatoide Knoten**

Ungefähr 20 – 40% der RA Betroffenen leiden unter Rheumaknoten, auch Entzündungsknoten oder Granulom genannt, die oft unempfindlich auf Druck und Berührungen reagieren. Die Knoten treten meistens an Stellen auf die einer mechanischen Belastung ausgesetzt sind (z.B. Streckseite des Ellenbogens). Sie befinden sich unter der Haut und bestehen aus Abwehrzellen des Immunsystems. Innere Organe wie z.B. die Lunge können auch betroffen werden. Makrophagen (Griechisch: makros = groß, phagein = essen), der größte Bestandteil eines Granuloms ernähren sich von Fremdmaterial, Bakterien oder abgestorbenen Zellen. Ein Makrophagen verändert sich anders als andere Zellen indem es anstelle von einem mehrere Zellkerne enthält, sogennante Riesenzellen. Ausserdem kann es Eigenschaften entwickeln die normalerweise nur Zellen haben die an der Epithele (Grenzfläche zur Umwelt liegen).

- **Trockene Augen und Mund**

RA Betroffene haben ein viel höheres Risiko an Sjögren-Syndrom zu erkranken. Sjögren-Syndrom ist eine sekundäre Autoimmunstörung und gehört zur Gruppe der Kollagenosen. Das Risiko an Sjögren-Syndrom zu erkranken ist bei Frauen 10-fach höher als bei Männern. Charakteristisch bei diesem Syndrom ist, das die Tränen- und Speicheldrüsen weniger Flüssigkeit produziert. Die Folgen sind trockene Augen und Bindehautentzündungen, sowie Mundtrockenheit. Ist die Krankheit fortgeschritten, so können auch andere Schleimhäute mitangegriffen werden (wie z.B. Atemwege, Geschlechtsteile)

- **Infektionen**

Die Krankheit selbst kann zu vermehrten Entzündungen führen, jedoch auch viele Medikamente die zur Bekämpfung von RA eingesetzt werden. Der Grund dafür ist das diese Medikamente das Immunsystem beeinträchtigen können und es so zu vermehrten Entzündungen führt.

- **Abnormale Körperzusammensetzung**

Das Verhältnis von Fett zu Magermasse ist bei Menschen mit RA häufig höher, selbst bei denen die einen normalen Body-Mass-Index (BMI) haben. Laut einer Französischen Studie weisen RA Patientinnen mehr viszerales Fett (Bauchfett) auf was mit dem Auftreten von Komplikationen des Herz- und Kreislaufsystems assoziiert ist.

- **Karpaltunnelsyndrom**

Bei RA können die Entzündungen in den Handgelenken den Nerv kompromittieren, der durch die Hand und die Finger verläuft.

- **Herzprobleme**

Rheumatoide Arthritis kann das Risiko für verhärtete, und verstopfte Arterien sowie für Entzündungen des Herzbeutels erhöhen.

- **Lungenerkrankung**

Menschen die unter rheumatoider Arthritis leiden, haben ein erhöhtes Risiko Entzündungen und Narben im Lungengewebe zu entwickeln, was zu einer fortschreitenden Atemnot führen kann.

- **Lymphom**

Rheumatoide Arthritis erhöht das Risiko für Lymphome (eine Gruppe von Blutkrebsarten) die sich im Lymphsystem entwickeln.

DIAGNOSE RHEUMATOIDE ARTHRITIS

Da bleibende Schäden an Gelenken und Organen bei einer RA sehr schnell auftreten können ist es äußerst wichtig so schnell wie möglich ärztliche Hilfe aufzusuchen um den Entzündungsprozess so frühzeitig und effektiv wie möglich zu kontrollieren.

Es ist relativ schwierig, eine RA im frühen Stadium zu diagnostizieren da sich die Frühzeichen und Symptome mit vielen anderen Erkrankungen überschneiden und die Beschwerden in der Anfangszeit oft nur wenig ausgeprägt sind und nicht unbedingt dem typisch für eine RA Erkrankung sind.

Da die meisten Menschen zunächst ihren Hausarzt aufsuchen und die Symptome oft zu Beginn der Erkrankung nicht leicht erkennbar sind, wird eine RA oft als harmloser grippaler Infekt fehlgedeutet. Es ist daher wichtig bei der Aufnahme der Krankengeschichte (Anamnese) zu erwähnen falls Familienmitglieder bereits an Rheuma erkrankt sind.

Bei der Untersuchung achtet der Arzt insbesondere darauf welche Gelenke geschwollen sind, wie viele Gelenke betroffen sind und seit welchem Zeitraum.

Eine Blutuntersuchung stellt fest, ob die Blutwerte in Bezug auf eine Entzündungsreaktion verändert sind. Dabei werden folgende Werte kontrolliert:

- Ein erhöhtes C-reaktives Protein (CRP)

- Ein erniedrigter HB-Wert (Hämoglobin – roter Blutfarbstoff)

- Erhöhte   2- und Y-Bande in der Elektrophorese (Dient dem Nachweis von Dysproteinanaemien)

- Stark beschleunigte BSG (Blutsenkungsgeschwindigkeit)

- Ein erhöhtes Coeruloplasmin (CP = Glykoprotein mit Bindungs- und
  Transportfunktion für Kupfer)

Die wichtigsten Werte hierbei sind,

- Der Rheumafaktor ist ein Antikörper gegen Fc-Fragments von
  Antikörpern der Klasse IOgG, der bei 65 bis 80% aller Patienten
  vorhanden ist. Da der Rheumafaktor allerdings auch bei gesunden
  Menschen positiv ausfallen kann kann eine seronegative rheumatoide
  Arthritis dann diagnostiziert werden wenn der Rheumafaktor fehlt. Dies
  ist in manchen Patienten der Fall, die keine Antikörper gegen spezifische
  Antigene aufweisen.

- Frühzeitig bei vielen Betroffenen nachweisbar sind oft Anti-CCP-
  Antikörper. Diese bestimmten Antikörper richten sich gegen cyclisches
  citrulliniertes (Aminosäure) Peptid. Fibrin, ein Gerinnungtoff der bei
  Entzündungen in Gelenken freigesetzt wird, enthält grosse Mengen von
  Citrullin, ist ansonsten jedoch selten im restlichen Körper anzufinden. Es
  besteht die Annahme, das eine Entzündung vorhanden ist wo diese
  Citrullin-Antikörper andocken.

Ein Bluttest hat folge dessen nur eine begrenzte Aussagekraft, obwohl Menschen mit
RA oft eine erhöhte Erythrozytensedimentationsrate (ESR Rate) oder ein erhöhtes
C-reaktives Protein (CRP) aufweisen, was auf das Vorhandensein eines
Entzündungsprozess im Körper hinweisen kann.

Besteht eine rheumatische Arthritis schon länger, so ist sie einfacher festzustellen
weil oft außer den typischen körperlichen Symptomen bereits Veränderungen an
den Gelenken festzustellen sind die durch bildgebende Verfahren sichtbar gemacht
werden können.

Es ist daher sinnvoll verschiedene Bildgebende Untersuchungen durchzuführen um
ein eventuelles Fortschreiten der RA über einen Zeitraum hinweg zu verfolgen und
eine Diagnose zu erstellen. Wie schwer die Erkrankung eines jeweiligen Patienten
ist, kann der Arzt mithilfe einer MRT- und Ultraschallaufnahmen beurteilen.

Röntgenaufnahmen

Röntgenaufnahmen lassen Verschmälerungen des Gelenkspaltes, Knorpelschwund,
Verknöcherungen sowie Dislokationen (Gelenkauskugelungen) erkennen

Ultraschall (Sonografie)

Ein Ultraschall kann Gelenkergüsse und Verdickungen der Sehnen erkenntlich machen.

Magnetresonanztomografie (MRT)

Ein MRT macht frühe Veränderungen zu Erkrankungsbeginn sichtbar

Szintigrafie (Nuklearmedizinische Untersuchung)

Eine Szintigrafie zeigt einen vermehrten Stoffwechsel im Entzündungsbereich an.

Fluoreszenzangiografie

Bei diesem Vorgang, der zur Früherkennung dient, wird ein fluoreszierender Farbstoff in die Hand gespritzt und wenn sich dieser Farbstoff in einzelnen Gelenken sammelt, vermutet man an dieser Stelle einen Rheumaherd. Der Vorgang ist schmerzlos, ohne Nebenwirkungen und dauert nur einige Minuten.

Generell wird die Diagnose Rheumatoide Arthritis erst dann als definitiv bezeichnet, wenn vier der folgenden sieben ACR-Kriterien (vom American College of Rheumatology festgelegt) erfüllt sind:

- Morgensteife der Gelenke von mindestens 1 Stunde Dauer
- Entzündung in drei und mehr Gelenkregionen
- Arthritis der Hand
- symmetrische Arthritis: Beteiligung der gleichen Gelenkregionen auf beiden Körperhälften
- Rheumaknoten: subkutane Knoten über Knochenvorsprüngen oder in Gelenknähe
- Nachweis von Rheumafaktoren im Blut
- Röntgenologische Veränderungen.

Seit einiger Zeit argumentieren Ärzte, das diese Klassifikationskriterien nicht zufriedenstellend sind, da diese Symptome erst mit fortgeschrittener Erkrankung auftreten, wenn oft bereits Gelenkschäden vorliegen. Daher ist es schwer für Ärzte Rheuma früh zu entdecken und zu behandeln um Spätfolgen so weit wie möglich zu vermeiden. Aus diesem Grund hat das Amerikanische College of Rheumatology (ACR), gemeinsam mit der EULAR (European League against Rheumatism) neue Kriterien zusammengestellt in dem jede einzelne Kriterie einen bestimmten

Punktewert (siehe Klammern) erhält der dann zusammengerechnet wird. Ist die Summe höher als Sechs, dann handelt es sich laut dieser neuen Einteilung um eine definitive RA Erkrankung.

Kategorie A – Gelenkbeteiligung

- ein großes Gelenk (0)
- 2–10 große Gelenke (1)
- 1–3 kleine Gelenke mit oder ohne Beteiligung großer Gelenke (2)
- 4–10 kleine Gelenke mit oder ohne Beteiligung großer Gelenke (5)

Kategorie B – Serologie (Mindestens ein Testergebnis wird für die Klassifikation benötigt)

- negativer Rheumafaktor und negativer ACPA (0)
- niedrig positiver Rheumafaktor oder niedrig positiver ACPA (2)
- hoch positiver Rheumafaktor oder hoch positiver ACPA (3)

Kategorie C – Akute-Phase-Reaktion (Mindestens ein Testergebnis wird für die Klassifikation benötigt)

- normales CRP und normale BSG (0)
- erhöhtes CRP oder beschleunigte BSG (1)

Kategorie D – Dauer der Symptome

- weniger als sechs Wochen (0)
- mehr als sechs Wochen (1)

Zur Dokumentation (und auch zur Verlaufskontrolle) setzen sich zunehmend standardisierte Fragebögen wie der DAS-28 (disease activity score) oder der RADAI-Fragebogen (Rheumatoid Arthritis Disease Activity Index) durch.

Wissenschaftler haben festgestellt, das die neuen Kriterien die RA-Therapie deutlich verbessert haben. Es hat sich herrausgestellt, das dies nicht nur zu einer frühzeitigeren Therapie fuehrt, sondern auch dazu beiträgt Beschwerden langfristig zu lindern. Zusätzlich können Ärzte durch die schnellere Diagnose auch TNF-α-Hemmer einsetzen was Medikamente sind von denen vor allem therapieresistente RA-Patienten profitieren.

BEHANDLUNG RHEUMATOIDE ARTHRITIS

Rheumatoide Arthritis ist nicht heilbar, allerdings wie schon erwähnt, ist es kritisch bei Verdacht auf RA sofort ohne Verzögerung mit einer Behandlung anzufangen da man auf diese Art und Weise in vielen Instanzen eine bevorstehende Gelenkzerstörung verhindern oder wenigstens für einen längeren Zeitraum herauszögern kann.

Um eine höchst mögliche effektive Behandlung zu erreichen sollte man, wenn möglich, schon im ersten Trimester nach Ausbruch der ersten Symptome mit der Behandlung begonnen werden. Dabei sollte beachtet werden das Medikamente je nach Schwere der Symptome oder etwas in Bezug auf den Zustand des Menschen von Zeit zu Zeit wechseln können.

Eine Behandlung für RA besteht aus einer umfassenden Therapie mit mehreren Bausteinen, die sich aus den folgenden Komponenten zusammensetzt:

- Medikamente

- Schmerztherapie

- Physiotherapie um die Gelenkigkeit zu fördern, Schmerzen zu lindern und Verspannungen zu lösen sowie die Muskulatur zu stärken

- Ergotherapie, um neue Wege zu erlernen wie man alltägliche Aktivitäten so gelenkschonend wie möglich ausführen kann

- Alternative Heilmethoden (Akupunktur/Natürliche Heilmittel)

- Hausmittel

- Invasive Therapie (in manchen Fällen)

- Seelische Betreuung

- Ernährungsumstellung

Therapie mit Medikamenten

Es gibt drei Kategorien für Medikamente zur Verabreichung von RA;

DMARD (aus dem Englischen – Disease Modifying Antirheumatic Drugs), was soviel bedeutet wie Krankheitsverändernde Antirheumatische Medikamente. DMARD können teilweise Gelenkzerstörungen verzögern

NSARs (Nicht-steroidale Antirheumatika) die bei einem akuten Schub zusätzlich zur Schmerzlinderung dient.

Zusätzlich gibt es Biologische Wirkstoffe (eine neuere Klasse von DMARDs). DMARDs können Teile des Immunstem angreifen. Das Immunsystem wiederum löst dann Entzündungen aus was Gelenk- und Gewebeschäden zur Folge hat. Das Risiko einer Infektion wird durch Biologische Wirkstoffe erhöht. Höhere Dosen von Tofacitinib können in RA Patienten das Risiko von Blutgerinnseln in der Lunge erhöhen. Am wirksamsten sind Biologische DMARDs normalerweise wenn sie zusammen mit einem nichtbiologischen DMARD eingesetzt werden.

Schmerztherapie

Laut einer Umfrage der Deutschen Schmerzgesellschaft benötigen mindestens 1 Millionen Bundesbürger in Deutschland eine qualifizierte, spezielle Schmerztherapie.

Im Grunde sind Schmerzen keine schlechte Sache, denn sie dienen als Warnung wenn etwas im Körper nicht stimmt. Der Körper weiss wenn sich eine Verletzung anbahnt oder bereits eingetreten ist. Bei vielen Menschen, sowie bei RA Betroffenen, gehören permanente Schmerzen jedoch oft zum täglichen Alltag und der Schmerz wird damit ein eigenständiges Krankheitsbild der Schmerzkrankheit.

RA Patiententen leiden oft unter lang anhaltenden Schmerzen. Im Laufe des Lebens werden die Gelenke stark belastet und zum Teil überbeansprucht und verschleißen. Es kann dazu führen das sich ein Schmerz quasi „verfestigt ", und von seiner eigentlichen Quelle, wie zum Beispiel ein entzündetes Gelenk permanent in andere Körperregionen abgestrahlt wird.

Es gibt diverse Institute und qualifizierte Therapeuten die verschiedene Arten von Schmerztherapien anwenden, die je nach des Zustandes des Patienten entweder stationär oder ambulant durchgeführt wird. Der Arzt entscheidet welche Therapie für den jeweiligen Patienten in Frage kommt.

Anzumerken ist, dass alle Therapien im Vorgang mit dem behandelnden Arzt abzusprechen sind oder Rückfragen gemacht werden bevor man einer Therapie untergeht. Dies ist wichtig, da selbst natürliche Wirkstoffe oft negative Kontraindikationen mit konventionellen Medikamenten auslösen können oder eine Gegenreaktion verursachen können.

Schmerztherapien bestehen oft aus mehreren verschiedenen Therapien. Es gibt Schmerztherapeuten die sich auf eine bestimmte Therapie spezialisiert haben. Andere bieten oft eine verschiedene Therapien gleichzeitig an.

Menschen die unter chronischen Schmerzen leiden werden generell von mehreren Ärzten gleichzeitig betreut. Die Behandlung ist individuell und eng an die Diagnose gebunden. Wird die Schmerztherapie stationär ausgeführt, dann wird der Patient von Fachärzten behandelt wobei die eigentlichen Ursachen therapiert werden sowohl als auch die Schmerzen. Psycho- und Bewegungstherapie werden dabei oft gleichzeitig miteingesetzt.

Bei Menschen die schon seit geraumer Zeit von RA betroffen sind ist es oft notwendig, das die Ärzte den Patient zuerst von einem langjährigen und zum Teil übermäßigem Medikamentengebrauch befreien. Aufgrund des erheblichen Abhängigkeitspotentials einiger Medikamente die für die Behandlung von RA im Einsatz sind, ist dies ausserordentlich wichtig. Dies wird generell im Bezug auf die Medikamente vorgenommen, die auf sogenannten Analgetika (Schmerzmittel) und Opiaten (Betäubungsmittel) basieren.

Patienten die von ihrem langjährigen Medikamentgebrauch erst entgiftet werden müssen bevor eine Schmerztherapie anfangen kann können teilweise unter erheblichen Erziehungserscheinungen leiden. Medikamente die bei einer RA Therapie eingesetzt werden sind besonders risikoreich, da diese unter Umständen die Nieren der Betroffenen schädigen können.

Die meisten Schmerztherapien umfassen Entspannungsverfahren wie Meditation und autogenes Training das mit den Betroffenen geübt wird damit sie es später bei Bedarf mit in ihren täglichen Tagesablauf einbauen können.

Wenn diese Entspannungstherapien durch Training richtig beherrscht werden können sie neben einer Schmerzlinderung außerdem einen äußerst positiven Einfluss auf eine Reduzierung von Stress haben. Bei regelmäßiger Meditation und autogenem Training kann eine Schmerzlinderung eintreten die durch direkte

Rückkopplung mit Neurohormonen im Zentralnervensystem bewirkt wird. Die Wirksamkeit dieses Verfahrens ist inzwischen bei diversen Erkrankungen wissenschaftlich bewiesen.

Ambulante Schmerztherapeuten bieten oft ein breites Spektrum von Therapien an die imstande sind Schmerzen zu lindern bzw. zu kontrollieren.

Physiotherapie

Eine fachkundige Krankengymnastik (Physiotherapie) beweist sich ebenfalls als sehr sinnvoll für Patienten mit RA. Eine Physiotherapie kann Verspannungen lösen und Fehlhaltungen korrigieren, was zur Folge hat das sich die Bewegung verbessert und Muskeln spezifisch wieder aufgebaut werden können.

Um die besten qualitativ hochwertigsten Behandlungsresultate zu erzielen, sollte man darauf achten das der gewählte Physiotherapeut über die neuesten Behandlungsmethoden informiert ist und sich speziell auf den Themenbereich Rheuma konzentriert hat.

Mann kann einen gute Physiotherapeuten daran erkennen, wenn er sich bereits bei der Terminvergabe nach den Beschwerden des Patienten erkundigt. Wenn er dem Patienten zudem noch hochwertige Informationen anbietet, dann deutet dies auf Professionalität und echtem Interesse an der Gesundheit des Patienten.

Um eventuelle Fehlbehandlungen zu vermeiden ist es von äußerster Wichtigkeit mit dem Physiotherapeuten ehrlich zu kommunizieren, d.h. nicht zu tapfer sein und einen starken Schmerz als minderwertig runterspielen oder einen geringen Schmerz unnötig hochzuspielen, da dies gegebenenfalls negative Konsequenzen auf die Art der Behandlung haben kann.

Auch wichtig ist das empfohlene Übungen für zuhause unbedingt weiterhin konsequent durchgeführt werden sollten da ein bis zwei Behandlungen in der Woche für eine nachhaltige Besserung immer noch zu wenig sind.

Es ist äußerst wichtig das sich der Therapeut regelmäßig über die Beschwerden und Fitness seines Patienten informiert, um eine erfolgreiche Behandlung zu erzielen. Auch hier ist Ehrlichkeit angebracht da Behandlungsmethoden unter Umständen überdacht und modifiziert werden müssen.

Ergotherapie (Beschäftigungstherapie)

Der Begriff Ergotherapie beschreibt eine Fachtherapie, bei der ein Patient mit körperlichen Einschränkungen oder eingeschränkter Handlungsfähigkeit lernt und unterstützt wird alltägliche Dinge und Gegenstände zu verwenden oder neue Wege zu finden um alltägliche Aktivitäten zu bewältigen um dadurch einen relativ normalen Tagesverlauf des Patienten wieder herzustellen, aufrecht zu erhalten und sinnvolle Aktivitäten zu fördern.

Aufgrund von Schmerzen oder Gelenkveränderungen in Patienten mit RA sind viele alltägliche Aktivitäten die man als gesunder Mensch als selbstverständlich ansieht entweder nur erschwert oder teilweise gar nicht mehr möglich. Oft handelt sich um ganz einfache Dinge wie eine Dose zu öffnen, eine Flasche aufzudrehen oder aus dem Auto ein- oder auszusteigen.

Bei diesen Dingen kann ein Ergotherapeut helfen, indem er oder sie dem Betroffenen ermöglicht eine bessere Lebensqualität zu erzielen so das sie lernen sich möglichst weitgehend selbstständig zu versorgen und an der Gesellschaft teilzuhaben.

Es gibt heutzutage ein breites Angebot an ergonomischen Hilfen die man benutzen kann um den Alltag besser beschwerdefrei zu bewältigen. Das Angebot umfasst

- Einfache Alltagshilfen,

wie zum Beispiel spezielle Drehverschlussöffner oder Deckelöffner die ältere Menschen oder Menschen mit gesundheitlichen Problemen mit geringer Kraftaufwendung benutzen können. Diese Alltagshilfen haben ein speziell ergonomisches Design, das Tätigkeiten im Haushalt und für die persönliche Versorgung vereinfacht und ermöglicht.

- Ergonomische Arbeitsmittel

für die Reinigung, die den Kraftaufwand reduzieren wie z.B. kleinere, handlichere Gefäße für Putzwasser anstelle von Wassereimern oder ein spezieller Stuhl mit stützenden Einlagen und Aufstehhilfe um längeres Sitzen und einfacheres Aufstehen ermöglichen

- Ergonomische Mittel für den Einkauf,

die eine Veränderung und Reduzierung der Gewichtsbelastung für den Körper reduzieren und den Kraftaufwand in den Händen minimalisiert, wie zum Beispiel

durch geschobene oder gezogene Einkaufstaschen die außerdem ein vielfaches
An- und Abheben der Last ersparen.

Ein Ergotherapeut nimmt alle Faktoren im Leben des Patienten in Betracht und
berücksichtigt außer den krankheitsbedingten Einschränkungen des Patienten auch
das soziale Umfeld, sowie finanzielle Faktoren um eine gezielte und erfolgreiche
Therapie zu erreichen.

Durch Gespräche und Übungen kann ein Ergotherapeut die Lebensqualität einer
Person verbessern. Er ist zudem in der Lage vorhandene Fähigkeiten weiter
auszubauen und Patienten dabei zu helfen persönliche Ziele, Wünsche und neue
Möglichkeiten zu erreichen. Er hilft die Bewegungskoordination und auch die
Sinnes- und Emotionswahrnehmung zu fördern. Dies ermöglicht dem Patienten sich
wieder in seinem persönlichen, sozialen und unter Umständen beruflichen Umfeld
zu reintegrieren.

Wichtig ist auch bei der Ergotherapie, das der Betroffene dem Ergotherapeuten
gegenüber ehrlich ist und klare Aussagen macht welche Ziele er gerne erreichen
möchte, und welche Dinge für ihn absolut wesentlich sind.

Eine Ergotherapie muss von dem behandelnden Arzt verschrieben werden. Dabei
muss der Arzt genau angeben welche Maßnahmen notwendig sind, denn der
Therapeut darf keine Maßnahmen ergreifen die außerhalb der spezifischen
Verordnung des Arzt ist oder wenn, dann nur nach Absprache mit dem Arzt. Sollten
ein Patient daher bestimmte Notwendigkeiten haben die der Arzt nicht speziell
verschrieben hat, so lohnt es sich dies dem Arzt gegenüber zu erwähnen.

Alternative Heilmethoden

Das Angebot von Alternativen Heilmethoden ist extrem umfangreich und wächst
dank den Neuesten Erkenntnissen der Wissenschaft von Jahr zu Jahr. Der Trend
„Zurück zur Natur" in Bezug auf Therapiemöglichkeiten wirkt teils durch die starken
Nebenwirkungen von Rheuma Medikamenten und teils wegen der schlechten Kritik
an der Pharmaindustrie oft in den Augen des Erkrankten umso attraktiver.

Gerade für Betroffene im Anfangsstadium kann die Versuchung manchmal
unwiderstehlich sein zu versuchen sich „ganz allein im Schosse der Natur zu heilen",
anstelle dem Rat des Arztes zu folgen und oft starke Medikamenten einnehmen zu
müssen. Die Medien unterstreichen dies oft mit raffinierter Werbung. Sprüche wie,

„Ein Freund von mir nimmt gar keine Chemie und hat sein Rheuma mit vegetarischer Ernährung und Ayurveda geheilt" hat jeder Erkrankte schon gehört.

Hier sollte man jedoch höchste Vorsicht walten lassen! Obwohl wissenschaftlich nachgewiesen ist das viele Alternative Heilmethoden Rheumaleiden lindern können, sollte man diese nie anstelle sondern nur in Kombination mit der konventionellen Therapie der Schulmedizin einsetzen, da man sonst Gelenk- und Gewebeschäden riskiert die nicht rückgängig gemacht werden können.

Pflanzenheilkunde (Phytotherapie)

Pflanzenheilkunde ist eine populäre und altbewährte Komplementärmedizin für Menschen die unter RA leiden auf die gerne zurückgegriffen wird. Gewisse Pflanzen wie zum Beispiel Weihrauch (Olibanum), Brennnessel (Urtica urens), Birkenkraut (Betulae folium) und Cayenne Pfeffer (Capsicum annuum) enthalten bestimmte Heilstoffe die bei Rheuma-erkrankungen verwendet werden können, da diese entzündungshemmende und schmerzstillende Eigenschaften vorweisen. Dies ist mittlerweile auch wissenschaftlich bewiesen.

Zur innerlichen Einnahme bieten sich Extrakt Präparate an die meist in Kapselform erhältlich sind oder als Tees zum Aufbrühen. Für die äußerliche Anwendung kann man Salben, Umschläge und Badezusätze einsetzen.

Das leider noch häufig umstrittene Cannabis (CBD) Öl kann ein wirksamer Ansatz für eine Schmerzbehandlung bei Rheumaerkrankungen sein. Beweise von Studien haben gezeigt, das CBD auch bei der schmerzverursachenden Entzündung von Arthritis eine wichtige Rolle spielen kann.

Die Wirksamkeit ist jedoch von Person zu Person verschieden und es ist daher empfehlenswert zusammen mit dem behandelnden Arzt das richtige Gleichgewicht zwischen CBD Öl und anderen Medikamenten zu finden.

Aufgrund von notwendigen Kontrollen der Organfunktion wie Blut- und Urinuntersuchungen sowie Leberwerte in regelmäßigen Abständen ist es wichtig, das der behandelnde Arzt auch über pflanzliche Therapien informiert ist. Dies gilt auch dann wenn die Nebenwirkunken gering sind.

Die englische Organisation Arthritis Research UK hat im November 2011 mit Wissenschaftlern eine Studie gemach (CAM Report), bei der Pflanzliche und andere natürliche Stoffe auf ihre Wirksamkeit und Sicherheit für rheumatoide Arthritis geprüft wurden. CAM steht für Complimentary Alternative Medicine (Komplementäre Alternative Medizin).

Heilpflanze/Heilmittel		Belegte Wirksamkeit	Sicherheit
Borretsch-Samenöl		3	grün
Fischöl		5	grün
Grünlippmuschel		1	grün
Hagebuttenextrakt		2	grün
Hirschgeweihpulver		1	grün
Homöopathie		1	grün
Kalmegh		1	grün
Katzenkralle		2	gelb
Kollagen-Hydrolysat		1	grün
Leinsamen		1	gelb

Mutterkraut		1	grün
Nachtkerzenöl		3	grün
Schwarze Johannisbeere-Samenöl		1	grün
Selen		1	grün
Vitamin A, C, E		1	grün
Vitamin-B-Komplex (B3, B12, B9)		1	grün
Weidenrinde		1	gelb

Legende zur Tabelle

Belegte Wirksamkeit

1. Keine oder unzureichende Belege
2. Wenig aussagekräftige Hinweise auf Wirkung
3. Widersprüchliche Hinweise zur Wirkung
4. Wahrscheinlich wirksam
5. Wirksamkeit gut belegt

Sicherheit:

- **Nebenwirkungen geringfügig und selten**
- **Nebenwirkungen geringfügig aber häufig oder etwas schwerwiegender**
- **Schwerwiegende Nebenwirkungen bekannt**

Akupunktur

Eine Akupunktur hilft in vielen Fällen bei lokalen Beschwerden wenn die Gelenke längerfristig entzündet sind.

Das Prinzip der Akupunktur bezieht sich auf die die Lebensenergie, genannt Qi. Diese Lebensenergie verläuft auf bestimmten Bahnen im menschlichen Körper. Auf diesen Bahnen, die Meridiane genannt werden fließt diese Energie frei ohne jede Hindernisse in Menschen die keine Gesundheitsprobleme haben. Die Meridiane sind mit vielen Energiepunkten versehen, wobei jeder dieser Energiepunkte mit der Funktion eines Körperteiles oder einer Körperfunktion assoziiert ist.

Krankheiten entstehen im Körper laut dieser Traditionellen Chinesischen Medizin, wenn einer oder mehrere dieser Energiepunkte blockiert ist. Dann rufen diese Blockaden Krankheiten im Körper hervor. Durch das gezielte einstechen von feinen, biegsamen Nadeln aus Stahl, Silber oder Gold in gewisse Energiepunkte je nach Beschwerde, kann der Mediziner diese Punkte anregen um auf den Energiefluss in den Meridianen einzuwirken und einen Überschuss oder Mangel an Qi auszugleichen.

Bei Schmerzzuständen, rheumatischen Erkrankungen und chronischen Organerkrankungen wird Akupunktur oft besonders erfolgreich verwendet. Es wird teilweise sogarals Alternative zu Narkosemitteln bei Operationen eingesetzt .

Blutegeltherapie

Die Blutegel Therapie ist schon seit über 3,000 Jahren bekannt und wurde häufig im Mittelalter verwendet. Blutegeltherapie wird heute wieder von manchen Ärzten und Heilpraktikern eingesetzt und kann bei diversen Befindlichkeitsstörungen, zur Schmerzlinderung und bei Erkrankungen von entzündlich-rheumatischen Erkrankungen um Entzündungen zu hemme eingesetzt werden.

Wissenschaftler haben herausgefunden, das eine Blutegelbehandlung speziell für Knie- und Daumengrundgelenksverschluss sehr wirksam sein kann.

Die Annahme das Blutegel Wirksamkeit haben weil sie Blut absaugen ist jedoch
falsch und stammt daher das Blutegel ursprünglich zum Aderlass eingesetzt wurden.
Es ist der Speichel der Blutegel der wirksame Qualitäten aufweist, da er
entzündungshemmende, durchblutungsfördernde und schmerzlindernde
Bestandteile hat.

Laut Forschung injiziert ein Blutegel rund 1,2 mg Protein in die Wunde während er
saugt. Verteilen sich große Anteile der injizierten Speichelproteine im
Kreislaufsystem des Patienten dann gelangen über zwanzig verschiedene
Speichelproteinen in den Körper, die möglicherweise für positive Effekte
verantwortlich sind.

Bei einer Blutegelbehandlung kommen normalerweise zwischen 2 bis 10 Blutegel
zum Einsatz. Die Anzahl der Blutegel entscheidet der Arzt in Betrachtnahme des
Einsatzgebietes und der Diagnose des Patienten. Bei einer Behandlung werden die
gewünschten Stellen mit einer medizinischen Klinge angeritzt mit dem Ziel das sich
der Blutegel genau auf dieser Stelle festsaugt.

Nach einer bestimmten Zeit die nicht genau festzulegen ist, aber von 30 Minuten bis
zu 1.5 Stunden dauern kann, haben sich die Tiere vollgesogen und fallen einfach ab.
Die betroffenen Stellen können noch von 4 bis 20 Stunden nachbluten und werden
deshalb verbunden. In vielen Instanzen reicht schon eine Behandlung um
Beschwerden zu lindern und eine längerfristige Wirkung zu erreichen.

Ayurveda

Ayurveda ist eine Jahrtausend alte Indische Gesundheitslehre die auch im Westen
immer mehr an Popularität gewinnt. Das Wort ‚Ayurveda' ist Sanskrit und bedeutet
soviel wie „Wissen über das Leben und Langlebigkeit".

Ayurveda Medizin ist ein Oberbegriff der sich aus vielen verschiedenen
Komponenten wie Entschlackung, Meditation, Körper-und Atemübungen sowie
Yoga und Tai Chi, Ernährung, Pflanzenheilkunde, u.a. zusammensetzt. Viele Rheuma-
Betroffene haben mit Ayurveda bisher gute Therapieerfolge erzielt.
Eine Ayurveda Therapie kann Gelenkentzündungen vermindern, Schmerzen lindern
und Gelenkschädigungen sowie rheumatischen Schüben vorbeugen.
Auch hier empfiehlt sich ausdrücklich nur mit professionellen Ayurveda Ärzten die
in Zusammenarbeit mit dem behandelnden Arzt arbeiten aufzusuchen.

Ayurveda teilt Menschen aufgrund bestimmter Kriterien in 3 verschiedene Haupttypen ein (Vata, Pitta und Kapha), Mix-typen eingenommen wonach die Behandlung dann je nach Typ individuell vorgenommen wird.

Obwohl es verschiedene Studien über die Effektivität von Ayurveda gibt, die alle einen Teilbereich der Ayurveda Therapie untersucht haben, gibt es bisher jedoch keine effiziente Studie über das Gesamtbild von Ayurveda auf ein partikulares Krankheitsbild.

Dies liegt an den folgenden Herausforderungen:

- Individualisierte Diagnosen und Unterkategorien der Diagnose bei biomedizinisch anerkannten Krankheiten

- Individuelle Behandlungs-schemate die aus mehreren Eingriffen bestehen wie z.B. Pflanzenmedizin, Öle, Massage, Yoga, Meditation, Ernährung usw.

- Schwierigkeiten eine nützliche Kontrollgruppe aufzubauen aufgrund der verschiedenen Arten von Interventionen

- Verblindung von Patienten und unabhängigen Gutachtern (Verblindung von Ayurveda Ärzten ist praktisch unmögliche)

- Begrenzter Umfang von Ayurveda Medizin außerhalb Indiens

- Angemessene Probengrösse/Leistung, um einen Unterschied festzustellen

- Gültige subjektive und objektive Ergebnismasse

- Dauer der Nachsorge

Eine bestimmte Studie jedoch, die 2011 in Coimbatore, Indien unternommen wurde um die Effektivität und Sicherheit der Ayurveda Therapie für rheumatoide Arthritis zu testen, ergab ein statistisch viel versprechendes positives Resultat.
Bei der Studie wurden 290 Patienten mit einer bestätigten RA Diagnose über einen 7-Jahre langen Zeitraum alle 6 Wochen auf folgende Kriterien untersucht: Griffkraft, Gehzeit, Anzahl der geschwollenen und schmerzenden Gelenke, Anzahl der betroffenen Gelenke, Funktionsklasse, Erythrozytensedimentsrate und Rheumafaktor.

Die ayurvedischen Ärzte behandelten individuell nach den Grundsätzen der klassischen ayurvedischen Texte bei einer Behandlungsdauer von 1 bis zu 6 Monaten. Das Resultat war, das alle getesteten Parameter eine statistisch signifikante Verbesserung von Aufnahme bis zur Entlassung erzielten:

- Die durchschnittliche Griffkraft beider Hände verbesserte sich von 82mmHG auf 111 mmHG.

- Die durchschnittliche Zeit um eine Strecke von 25 Fuss zu gehen verringerte sich von 7.4 Sekunden auf 4.8 Sekunden.

- Der Anteil der Patienten mit mindestens 10 geschwollenen Gelenken verringerte sich um 21 % von Aufnahme bis zur Entlassung (27% zu 6 %), während

- sich die durchschnittliche Anzahl der geschwollenen Gelenke um 2.4 % von 6.6% auf 4.2% verringerte.

- die Anzahl der Patienten die mindestens 10 Gelenkschmerzen zu Beginn der Studie hatten (33%) reduzierte sich um 27% auf nur noch 6% bei der Entlassung. Bezogen auf die Mittelwerte verringerte sich die Anzahl der schmerzenden Gelenke von 7,8% auf 3.6%.

- 52% der Patienten hatte 75 und mehr betroffene Gelenke bei der Aufnahme verglichen mit nur 18% bei der Entlassung. Ein Drittel der Patienten hatte gar keine betroffenen Gelenke, während die mittlere Gelenkzahl sich von 74 auf 30 verringerte.

Diese Studie zeigt, das Ayurveda als ganzheitliche historisch begründete Heilmethode durchaus effektiv ist und laut Berichten sichere alternative Behandlung für RA Patienten. Es gibt zwei randomisierte Studien mit ayurvedischen Kräutern (Boswellia serrata) für RA die vielversprechende Ergebnisse haben.

Hausmittel

Viele Menschen greifen immer wieder gerne auf altbewährte Hausmittel zurück und dies gilt auch für Rheumakranke. Es gibt zahlreiche wirksame Hilfs- und Hausmittel die zusätzlich zu einer regelmäßigen ärztlichen Kontrolle eingesetzt werden können.

- Heilerde-Wickel (Heilerde ist in der Apotheke erhältlich)

- Umschläge mit Arnikablüten (auch als Creme mit Arnikablüten-Tinktur erhältlich)

- Senfkompresse aus Senfmehl

- Retterspitzumschläge (Kräutertinktur aus Rosmarin, Arnika und Zitronensäure)

- kühle Quarkauflage
- Kohlwickel
- Kirschkissen
- Fango Packungen
- Honig

Invasive Therapie

Kortisonspritzen
In manchen Fällen spüren Rheumakranke trotz Ausschöpfung aller
Behandlungsmöglichkeiten keine Linderung ihrer Beschwerden, das heißt das der
Patient therapieresistent ist. Eine lokale Therapie, wie z.B. eine Synoviothese oder
eine Synovektomie wird meist dann angewendet, wenn nur wenige Gelenke
entzündet sind.

Diese Art von Behandlung, obgleich wichtig, ist nur unterstützend und bedingt
wirksam. Diese Behandlung wird nur vorgenommen, wenn die eigentliche Therapie
in den einzelnen Gelenken unzureichend wirkt und das Gelenk erheblich
geschwollen ist oder trotz einer wirksamen Basistherapie ein Erguss vorhanden ist.
Eine Punktion des Gelenks mit einer sehr lange lokal wirksamen Kortisonspritze
(die an Kristalle bindet) hinterher kann die Gelenkschwellung und den
Gelenkschmerz auf die Dauer verringern.

Dadurch das das Kortison durch die Bindung an die Kristalle kaum in den
Blutkreislauf übertritt hat es keine nachteilige Wirkung auf den gesamten Körper..
Es ist äußerst selten das Menschen eine vorübergehende Überempfindlichkeit nach
einer Kortisonspritze verspüren. Dies äußert sich als Hitzegefühl und einem
errötetem Kopf. Diese Reaktion dauert höchstens 1-2 Tage an und ist harmlos.

In äußerst selten Fällen kann es vorkommen, das die Gelenkhaut durch die
Injizierten Kristalle gereizt wird und sehr schmerzt. In solch einem Falle wird ein
Betäubungsmittel injiziert. Diese Vorgriffe dürfen wegen der notwendigen
speziellen Erfahrung in Gelenkpunktionstechnik nur von Rheumatologen
beziehungsweise Orthopäden durchgeführt werden.

Radiosynoviothese (RSO)

Eine Radiosynoviothese (RSO) ist ein medizinisches Verfahren zur Behandlung von Erkrankungen der Gelenkschleimhaut (Synovia) anhand radioaktiver Isotope wobei das Ziel ist das Bindegewebe umzubauen und die Gelenkschleimhaut wiederherzustellen.

Dieser Vorgang wird normalerweise bei großen Gelenken (Kniegelenk oder in mittelgroßen Gelenken, insbesondere Hüftgelenk, Schulter, Ellenbogen und Sprunggelenk) ausgeführt und führt bei einer Vielzahl von Patienten zu einer deutlichen Schmerzlinderung bis hin zu einer Schmerzfreiheit die von mehrere Wochen bis zu einigen Monaten anhalten kann. Viele Menschen verspüren direkt nach der Behandlung eine komplette, kurzfristige Schmerzfreiheit. Dies ist jedoch zum Teil auf das Kortison im Gelenk zurückzuführen. Die weitere Wirkung der Therapie zeigt sich mit der Zeit.

Grundsätzlich kann eine RSP mehrmals wiederholt werden, jedoch erst frühestens 6 Monate nach der ersten Therapie. Bevor eine RSO erneut vorgenommen wird, sollte man jedoch erneut eine 3-Phasen Skelettszintigraphie machen lassen. Der Grund dafür ist damit der Arzt das Ausmaß der noch vorhandenen entzündlichen Aktivität im Gelenk nachweisen kann.

Synovektomie

Die Synovektomie ist ein Verfahren, bei dem die entzündete Gelenkschleimhaut (Synovialmembran) insbesondere des Kniegelenkes in einer Operation (Gelenkspiegelung) entfernt wird. Dieses Verfahren wird in der Regel empfohlen um eine Linderung des Zustands zu erzielen, bei dem die Gelenkschleimhaut entzündet und mit Medikamenten alleine nicht kontrolliert werden kann.

Eine Synovektomie als alleinstehende Therapie für eine Gelenkschleimhautentzündung des Kniegelenkes ist oft unratsam wegen der hohen Rückfallrate und sollte nur für seltene Behandlungen von Patienten eingesetzt werden die nicht auf Medikamente ansprechen. Dies betrifft normalerweise auch eine nur am Kniegelenk angewandte Radiosynoviothese.

Chirurgische Eingriffe

Um eine Fehlstellung des Gelenks zu korrigieren und die Druckbelastung zu verlagern könnte es notwendig sein das der Arzt einen chirurgischen Eingriff vornehmen muss. Wenn beim Patienten mittlere und große Gelenke durch die

rheumatische Erkrankung hochgradig zerstört sind ist die letzte Alternative
entweder nur noch ein künstliches Gelenk (Endoprothese) oder eine operative
Versteifung.

Seelische Betreuung

Um mit der seelischen Belastung einer nicht heilbaren, chronischen Erkrankung wie
RA besser zurechtzukommen empfiehlt es sich Hilfe bei Psychotherapeuten,
Sozialberatungen, Hilfsgruppen oder Patientenschulungen aufzusuchen.

Rheuma Hilfsgruppen können besonders hilfreich für Rheuma Betroffene sein, da
man sich unter Leidensgenossen befindet die unter den gleichen oder ähnlichen
Symptomen leiden. Ein persönlicher Erlebnisbericht eines Leidensgenossen oder
eine Empfehlung eines nahegelegenen Schmerztherapeuten zum Beispiel kann sich
oft als sehr hilfreich erweisen.

OSTEOARTHRITIS (OA)

Osteoarthritis ist eine extrem weit-verbreitete Form von Rheumaerkrankungen und
betrifft circa 630 Millionen Menschen weltweit, was 15% der Weltpopulation
entspricht! OA betrifft verschiedene Menschen und verschiedene Gelenke auf
unterschiedliche Art und Weise.
Bei den meisten Menschen verschlechtert sich die OA jedoch nicht mit der Zeit, bei
manchen hingegen erreicht der Zustand einige Jahre nach Beginn der Symptome
einen Höhepunkt und ist dann gleichbleibend oder kann sich sogar verbessern.
Andere wiederum durchgehen Phasen moderater Gelenkschmerzen mit dazwischen
liegenden Verbesserungen.
Es ist nicht möglich die Stärke der Schmerzen bei einer OA Erkrankung allein
anhand der Gelenkschädigung einzuschätzen. Manche Menschen mit geringer
Gelenkschädigung empfinden eine hohe Schmerzempfindlichkeit und
Mobilitätsprobleme während bei anderen Menschen eine starke Schädigung vorliegt
und sie jedoch nur wenige oder gar keine Symptome haben.

Eine OA ist ein Verschleiß der Gelenke, der meist mit fortgeschrittenem Alter
eintritt, wobei die Häufigkeit der Erkrankung mit zunehmenden Alter ansteigt. Laut

Studien haben ab dem 50. Lebensjahr die Hälfte aller Menschen arthritisch veränderte Gelenke, wobei Frauen häufiger als Männer betroffen sind. Im Gegensatz zu einer OA ist die RA eine Entzündung der Gelenke die durch Bakterien, andere Krankheitserreger oder als Folge einer Autoimmunkrankheit eintritt.

Gelenke auf denen viel Gewicht lastet und die ständig benutzt werden (Knie- und Hüftgelenke z.B.) sind am häufigsten von OA betroffen. Allerdings kommt OA auch oft in den kleinen Wirbelsäulengelenken sowie in den Fingergelenken vor. Es ist daher nicht verwunderlich, das laut Schätzung ungefähr 95% aller Gelenkersatzoperationen an Menschen mit OA ausgeführt werden.

Man spricht von einer Osteoarthritis (Gelenkverschleiß) wenn eine Entzündung vom Knochen auf ein Gelenk übergeht wie z.B. bei einer Gelenktuberkulose. Unsere Knochen befinden sich ständig im Auf-, Ab- und Umbauprozess, d.h. unsere Körper erhalten circa alle 7 Jahre ein komplett neues Skelett. Bis zum 35. Lebensjahr überwiegen die Aufbauprozesse und die Knochenmasse nimmt ständig zu, im Alter jedoch vermindert sich die Knochenmasse und nimmt pro Jahr ungefähr 1.5% ab. Hinzu kommt, das der Körper mit dem Alter weniger Nährstoffe produziert die für den Knochenbau wichtig sind, wie z.B. Östrogen, Testosteron und Vitamin D. Aus diesem Grund sind insbesondere Frauen nach den Wechseljahren am häufigsten von OA betroffen.

Bei Menschen mit OA baut der Gelenkknorpel graduell ab. Der Knorpel ist ein festes Gewebe das den Knochen mit einer Gleitfähigkeit versieht. Dies ermöglicht das sich das Gelenk reibungslos bewegen kann. Wenn der Knorpel abgenutzt oder verletzt ist werden Signale zum Gehirn gesendet worauf der Körper versucht den Schaden zu beheben und ein normales schmerzfreies Arbeiten des Gelenks fortzusetzen was zur Folge hat, das alle Gewebe im Gelenk aktiver werden als normal.

Dadurch das diese Signale für den Reparaturprozess nicht immer richtig sind, kann es dazu führen, das die Struktur des Gelenks verändert wird. Diese Gelenkstrukturänderungen sind in der Lage teils Symptome wie Schmerzen, Schwellungen oder Schwierigkeiten beim normalen Bewegen des Gelenks hervorzurufen oder sie können dazu beitragen.
Der Reparaturprozess kann zum Beispiel dazu führen, das sich am Gelenkrand zusätzlicher Knochen bildet. Diese Knochenwucherungen, auch Osteophyten genannt, können die Bewegung einschränken oder an anderen Geweben reiben. In manchen Gelenken, wie z.B. in den Fingergelenken kann dies als feste, knollige Schwellung sichtbar sein.

Die Beschichtung der Gelenkkapsel (Synovium) kann sich verdicken und mehr Flüssigkeit als normal produzieren, was zur Folge hat das das Gelenk anschwillt. Das Gewebe welches das Gelenk umgibt und stützt, fängt an sich zu dehnen und das Gelenk verliert mit der Zeit an Stabilität.

Ist das Knorpelgewebe jedoch weitgehend abgenutzt, dann reibt Knochen auf Knochen aufeinander was zu Schmerzen und Entzündungen führt.
Im fortgeschrittenen Stadium einer OA passen sich die benachbarten Knochen durch das Fehlen des Knorpels an und strukturieren sich um. Die Folgen sind Schmerzen und Steifheit der Gelenke und eine eingeschränkte Bewegung. Dies kann zur Folge haben das sich die Gelenke verformen und schließlich fusionieren, bzw. ganz verknöchern.

SYMPTOME OSTEOARTHRITIS

Wie bei der rheumatoiden Arthritis zeichnet sich die Osteoarthritis durch Gelenkschmerzen oder Steifheit aus, allerdings werden die Schmerzen jedoch bei feuchtem und kaltem Wetter, sowie bei starker Belastung schlimmer. Im Gegenteil zur RA ist der Schmerz bei OA normalerweise abends schlimmer oder wenn die Gelenke viel benutzt werden.

Ein besonderes Merkmal der Osteoarthrose ist jedoch der sogenannte Anlaufschmerz, der nach einer längeren Untätigkeit bei den ersten Bewegungen extrem schmerzhaft sein kann. Die Schmerzen lassen jedoch meist mit der Fortdauer der Bewegung nach.

Menschen die schon seit geraumer Zeit von OA betroffen sind haben oft Schwellungen und Gelenkergüsse sowie Gelenkverformungen vor.
Harte oder verknotete Schwellungen wie oft an den Fingergelenken zu sehen, sind meist durch das Wachstum von zusätzlichem Knochengewebe verursacht im Gegensatz zu weichen Schwellungen, die meist aufgrund einer Verdickung der Gelenkbeschichtung und vermehrter Flüssigkeit in der Gelenkkapsel zurückzuführen sind. Im Gegensatz zur RA sind die Schwellungen oft Druck empfindlich und fühlen sich delikat an.

Die Mobilität des Gelenks ist oft eingeschränkt und machen teilweise kratzende oder reibende Geräusche (Crepitus). In manchen Fällen sehen die Muskeln um das Gelenk herum dünn oder schlaff aus. Das Gelenk kann manchmal nachgeben da die Muskeln geschwächt sind oder die Gelenkstruktur unstabil geworden ist.

DIAGNOSE OSTEOARTHRITIS

Nach einer ausgiebigen Anamnese begeht der Arzt eine körperliche Untersuchung, worauf das betroffene Gelenk auf Empfindlichkeit, Schwellung, Rötung und Beweglichkeit untersucht wird.

Blutuntersuchung

Obwohl es keinen Bluttest für Osteoarthritis gibt kann die Analyse des Blutes oder der Gelenkflüssigkeit dabei helfen die Diagnose zu bestätigen und andere Formen von Arthritis wie rheumatoide Arthritis auszuschließen.

Möglicherweise untersucht der Arzt auch die Gelenkflüssigkeit in dem er mit einer Nadel Flüssigkeit aus dem Gelenk entnimmt was dann auf Entzündungen getestet wird und festzustellen, ob die Schmerzen durch Gicht oder eine Infektion anstelle von Osteoarthritis verursacht werden.

Bildgebende Tests

- Röntgenaufnahmen

Röntgenaufnahmen lassen Verschmälerungen des Gelenkspaltes, Knorpelschwund, Verknöcherungen sowie Dislokationen (Gelenkauskugelungen) erkennen

- Magnetresonanztomografie (MRT)

Ein MRT zeigt detaillierte Bilder von Knochen und Weichteilen, einschließlich Knorpel. In normalen Fällen ist ein MRT nicht erforderlich um Osteoarthritis zu diagnostizieren, allerdings kann es in komplexen Fällen helfen mehr Information zu liefern.

URSACHE OSTEOARTHRITIS

Obgleich die Symptome einer Osteoarthritis ähnlich sind, wie bei der RA so haben sie jedoch unterschiedliche Ursachen. Die genaue Ursache von OA ist bisher noch

nicht erwiesen. Forscher sind sich nicht sicher ob es sich um einen reinen
Verschleiß handelt oder ob es andere Ursachen gibt. Studien haben jedoch bestätigt,
zur Entstehung einer OA verschiedene Faktoren eine bedeutende Rolle spielen:

- **Alter**

OA tritt generell im Alter auf und betrifft vorwiegend Personen ab Ende des 40.
Lebensjahres. Dies kann auf körperliche Veränderungen zurückzuführen sein die
altersbedingt sind, wie zum Beispiel Schwächung der Muskulatur,
Gewichtszunahme und eine verringerte Fähigkeit des Körpers sich selbst zu
heilen.

Geschlecht

OA betrifft mehr Frauen als Männer. Der Grund dafür ist nicht bekannt,
allerdings wird vermutet, das mehr Frauen als Männer vorzeitig einen Arzt
aufsuchen und daher die Dunkelzahl der betroffenen Männer weit höher liegen
könnte als bisher geschätzt.

- **Übergewicht**

Einer der entschiedensten Faktoren für OA ist Übergewichtigkeit. Dies trifft
besonders auf belastende Gelenken wie Knie und Hüfte zu, da überschüssiges
Gewicht eine schwerere Belastung für die Gelenke bedeuted. Je höher das
Gewicht desto größer ist das Risiko OA zu entwickeln. Hinzu kommt, das
Fettgewebe Proteine produziert, die schädliche Entzündungen in und um die
Gelenke verursachen können.

- **Verletzungen des Gelenks**

Verletzungen wie sie beispielsweise beim Sport oder bei einem Unfall auftreten
können das Risiko für OA erhöhen, selbst wenn diese Verletzungen vor vielen
Jahren aufgetreten sind und scheinbar geheilt sind.

- **Gelenkanomalien**

Menschen, die mit Anomalien geboren wurden (X-oder O-Beine,
Hüftfehlbildungen) oder im Kindesalter entwickelt haben, wie zum Beispiel
unbehandelte Meniskusverletzungen oder schlecht verheilte Knochenbrüche,
sind mit einem erhöhten Risiko von vorzeitiger und schwererer OA verbunden.

Wiederholte Belastung des Gelenks

Sportler oder Menschen in Berufen die einen sich ständig wiederholenden Druck auf ein Gelenk ausüben wie zum Beispiel Balletttänzer oder Leute die Gewichttraining machen haben ein höheres Risiko OA zu bekommen.

- **Genetik**

Es liegt nahe, das vererbte Gene eventuell einen Einfluss auf die Wahrscheinlichkeit einer OA an Hand-, Knie- oder Hüftgelenken haben können. Einige seltene Formen von OA sind mit Mutationen von einzelnen Genen verbunden die ein Protein namens Kollagen betreffen. Dies kann unter Umständen dazu führen, das OA in vielen Gelenken vorzeitig als gewöhnlich auftritt.

- **Falsches Schuhwerk**

Das dynamische und statische Gleichgewicht eines Menschen wird durch gutes bzw. schlechtes Schuhwerk beeinflusst. Die häufigste Ursache für OA in den Zehen ist über einen langen Zeitraum High Heels bzw. zu enges Schuhwerk zu tragen. Dies kann zu schweren Deformitäten wie Hallux valgus (Ballen), Klauenfüße oder Hammerzehen führen.

BEHANDLUNG OSTEARTHRITIS

Leider ist OA weder heilbar, noch kann man sie rückgängig machen. Durch ärztliche Behandlungen kann man jedoch erreichen das die Schmerzen gelindert werden können und dazu beitragen das sich der Patienten besser bewegen kann.

Medikamente

Zu den Medikamenten, die zur Linderung von Arthrosesymptomen, vor allem Schmerzen, beitragen können, gehören:

Acetaminophen
Es wurde gezeigt, dass Acetaminophen (Tylenol, andere) für leichte bis mittelschwere Schmerzen bei manchen OA Betroffenen hilft. Es ist wichtig zu beachten das eine höhere Dosis von Paracetamol als empfohlenen Leberschäden verursachen kann.

Nichtsteroidale Antiphlogistika (NSARs).

Rezeptfreie NSARs wie Ibuprofen (Advil, Motrin IB, andere) und Naproxen-Natrium (Aleve, andere), die in den empfohlenen Dosen eingenommen werden, lindern in der Regel Arthroseschmerzen. Stärkere NSARs sind meist verschreibungspflichtig. NSARs können Magenbeschwerden, Herz-Kreislauf-Probleme, Leber- und Nierenschäden sowie Blutungsprobleme verursachen.

Physiotherapie

Physiotherapie für Patienten mit OA bestehen aus Übungen die die Muskulatur um das Gelenk herum stärken. Sie kann eine Schmerzlinderung erwirken sowie das Gelenk flexibler machen. Eine Form von Therapie die der Patient selber machen kann sind leichte Sportarten wie zum Beispiel Schwimmen oder spazieren die auch helfen.

Ergotherapie

Siehe Ergotherapie rheumatoide Arthritis

Chirurgische und andere Verfahren

Sollte der Arzt dem Patient mit regulären Behandlungsmethoden nicht mehr weiterhelfen können, dann kann er zu folgenden Möglichkeiten greifen:

Kortisonspritzen

Die Schmerzen im Gelenk können anhand von Kortikosteroid-Injektionen gelindert werden, wobei der Bereich um das Gelenk betäubt wird und das Kortison in das Gelenk hinein gespritzt wird. Da Kortison unter Umständen Gelenkschäden mit der Zeit verschlimmern kann, sollten nicht mehr als drei oder vier Injektionen pro Jahr verabreicht werden.

Osteotomie

Unter eine Osteotomie versteht man eine "Abhobelung des Knochens". Wenn eine Seite des Gelenkes, z.B. des Knies schlimmer als die andere Seite beschädigt ist könnte eine Osteotomie für den Patienten Erleichterung erschaffen. Dabei entfernt oder fügt der Chirurg ein Stück des Knochens zu. Dies wird entweder ober- oder unterhalb des Knies ausgeführt. Bei einer Zufügung wird ein Knochenkeil der aus einem gesunden Gelenk entnommen wurde, zugefügt damit das Körpergewicht des Patienten sich nicht mehr auf den abgenutzten Teil des Knies konzentriert ist.

Gelenkersatz

Bei der Gelenkersatzoperation (Endoprothetik) werden die beschädigten Gelenkoberflächen und durch Kunststoff- und Metallprothesen ersetzt. Zu den chirurgischen Risiken zählen Infektionen und Blutgerinnsel. Es besteht die Gefahr das künstliche Gelenke sich abnutzen oder lösen können und eventuell eventuell ersetzt werden müssen.

GICHT

Gicht ist eine sogenannte Wohlstandskrankheit und somit eine der häufigsten Stoffwechsel-Erkrankungen der letzten Jahrzehnte. Die Anzahl der Betroffenen steigt ständig.
Ausgelöster für eine Gichterkrankung ist eine erhöhte Harnsäure-Konzentration (Hyperurikämie) im Blut was zum Beispiel durch falsche Ernährung wie durch einen hohen Fleischkonsum und Alkoholmissbrauch hervorgerufen werden kann.

Bei Menschen mit überhöhter Konzentration der Harnsäure über einen längeren Zeitraum bilden sich winzige Kristalle im Blut. Diese Kristalle lagern sich als Mono-Natriumurat in verschiedenen Teilen des Körpers ab, wie zum Beispiel im Gewebe (Gichttophi), an den Gelenken (Arthritis urica) und in den Nieren (Nierengrieß, Nierensteine) ab. Diese Ablagerungen sammeln sich mit der Zeit an und verursachen rheumatische Beschwerden die sich als Entzündungen, Schwellungen und starken Schmerzen äußern.

Die primäre Form von Gicht ist ausschließlich das Ansteigen des Harnsäure-Spiegels. Durch falsche Ernährung tritt Gicht oft zusammen mit Übergewicht, Diabetes mellitus, erhöhten Blutfettwerten und Bluthochdruck auf (siehe auch: Metabolisches Syndrom). Um eine Gicht zu vermeiden ist es daher sinnvoll sich richtig zu ernähren, wobei nur wenig Fleisch und Alkohol zu sich genommen werden sollte da Vegetarier selten an Gicht erkranken.

Laut wissenschaftlichen Ermittlungen werden 90-95% der Männer zwischen 40 und 60 Jahren von Gicht befallen im Gegensatz zu Frauen. Während 20-30% der Männer die in einem Industriestaat leben einen erhöhten Harnsäure-Spiegel haben sind es bei Frauen nur rund 3%. Bei Frauen steigt das Risiko Gicht zu entwickeln im Alter von 50 bis 60 Jahren, was darauf zurückzuführen ist das bei Frauen die Harnsäurewerte erst nach den Wechseljahren steigen.

SYMPTOME GICHT

Gicht entsteht nicht von heute auf morgen, es entwickelt sich graduell über viele Jahre hinweg. Die Krankheit wird deshalb in vier Krankheitsstadien aufgeteilt:

Stadium I

- erhöhte Harnsäure-Werte (mehr als 7 mg/pro Deziliter Blut)

- Oft keine Beschwerden über Jahre hinweg

- Erste Symptome können Nierengrieß, Nierensteine oder einen Gichtanfall sein

Stadium II

- Akuter Gichtanfall (generell nach 20 bis 40 Jahren mit erhöhten Harnsäure-Werten) der generell nachts auftritt. Oft als Konsequenz nach ungewohnter Anstrengung, reichhaltigem Essen, starken Alkoholkonsum, oder einer Infektionskrankheit

- Extrem starke Schmerzen konzentriert auf ein Gelenk (in 80% der Fälle im Bein und davon in 60% im Großzehengrundgelenk) Dies kann auch im Kiez bzw Sprunggelenk vorkommen, allerdings seltener.

- Der Zeitraum eines unbehandelten Gichtanfalls kann über mehrere Tage dauern.

- Symptome sind starke Entzündungszeichen (akute Gichtarthritis, Arthritis urica) am betroffenen Gelenk mit sehr starken Schmerzen, Rötung, Schwellung, Berührungsempfindlichkeit und erhöhter Temperatur des Gelegentlich leidet der Betroffene auch an Fieber, Kopfschmerzen, Herzjagen und Übelkeit.

- Ohne Therapie kann es ein bis zwei Wochen dauern bis sich die Entzündung verringert und die Schmerzen abklingen. Juckreiz über dem betroffenen Gelenk und Hautschälung.

Stadium III

- Zwei oder mehr wiederkehrende Gichtanfällen ohne Krankheitszeichen

Stadium IV

- Chronische Gicht mit Gelenkschäden, Tophi (lat.: Stein) und Nierenleiden

- Auf mehrere Gelenke ausgebreitete Gicht

- Folgeschäden in den Gelenken (bemerkbar durch Schmerzen bei Bewegung und Bewegungseinschränkungen)

- Eventuelle Verformung im späteren Stadium.

- Die Erkrankungen kann sich in den folgenden Organen manifestieren:

Weichteil-Gicht

Ablage von Harnsäurekristalle unter der Haut (z.B. am Ohrknorpel oder an Ellbogen, Händen und Füßen, jedoch auch in Schleimbeuteln und Sehnenscheiden mit eventueller Knötchenbildung mit weißen Flecken

Nieren-Gicht

Ablagerung der Harnsäurekristalle in den Nieren mit Folge von Nierengrieß und Nierensteinbildung. (In 40% der Fälle vor dem ersten Gichtanfall und auch ohne Gelenk-Gicht)

Gicht in weiteren Organen

In seltenen Fällen kann es zur Ablagerung von Harnsäurekristallen in anderen Organen wie z.B. Herz oder Darm kommen.

DIAGNOSE GICHT

Das Symptome eines Patienten während den ersten zwei Tagen eines Gichtanfalls ist fällt durch das typische körperliche Erscheinungsbild auf. Generell ist ein Gichtanfall hoechst wahrscheinlich die Beschwerden innerhalb von zwei Stunden auftreten. Meist ist am Anfang nur ein Gelenk erkrankt (meist das Großzehen-Grundgelenk) und die Beschwerden verlaufen sich innerhalb von 7-14 Tagen.

Die Diagnose gilt als gesichert, wenn zusätzlich entweder ein erhöhter Harnsäure-Wert im Blut (über 6,5 Milligramm pro Deziliter Blut) vorhanden ist, die Beschwerden nach Einnahme von typischen Gicht-Medikamenten nachlassen oder Harnsäurekristalle in der Gelenkflüssigkeit sind was sich festzustellen ist wenn zwischen zwei Gichtanfällen das betroffene Gelenk leicht geschwollen ist und sich in der Gelenkflüssigkeit Harnsäurekristalle nachweisen lassen.

Dadurch das Gicht häufig gemeinsam mit Übergewicht, Diabetes mellitus, erhöhten Blutfettwerten und Bluthochdruck auftritt wird der Betroffene deshalb auch auf diese Krankheiten untersucht (Blutuntersuchung, Blutdruckmessung). Bei jeder Art von Gichterkrankung, unabhäng von dessen Fortschritt wird generell die Funktionsfähigkeit der Nieren überprüft. Es wird auch untersucht, ob Langzeitschäden wie z. B. Gewebswucherung, Gelenkspaltverkleinerung, Osteoporose oder Knochendefekte in den Gelenken vorliegen.

Bluttest & Mikrokospie

Dies wird in einer labormedizinischen Blutuntersuchung geprüft sowie in einer Mikroskopie. Das Labor prüft ob Harnsäurekristalle, z. B. in der Gelenkflüssigkeit eines Gichtgelenks erkennbar sind und ob in Zellen befindliche stark leuchtende, spitze Nadeln und unter dem Polarisationsmikroskop erscheinen.

Bildgebende Untersuchungen

Größere Kollektionen von Harnsäurekristall-Ablagerungen die sich in Gelenknähe im Knochen gebildet haben (chronische Gichtarthritis) kann man im Röntgenbild erkennen. Eine Ultraschalluntersuchung könnte jedoch frühere typische Veränderungen festhalten. Das gleiche gilt für das moderne Schnittbildverfahren, die sogenannte Dual-Energy-Computertomographie (DECT).

Obwohl Gicht in selteneren Fällen eine Folgeerkrankung (sekundäre Hyperurikämie) sein kann, so sind die meisten Fällen jedoch erblich bedingt (primäre Hyperurikämie).

Der höchste Anteil von Purinen wird hauptsächlich mit der Nahrung des Patienten aufgenommen, den anderen, kleineren Anteil produziert der Körper während des normalen Zellstoffwechsels. Die Purine werden im Körper in Harnsäure umgewandelt. Die Ausscheidung geschieht zu 80% als Urin über die Nieren, der Rest als Kot über den Darm.

Die Produktion und Ausscheidung der Harnsäure hält sich in in gesunden Menschen die Waage. Ist das Gleichgewicht jedoch gestört weil entweder zuviel oder zu wenig Urin produziert wird, dann steigt der Harnsäurespiegel an.

Primäre Hyperurikämie

Der Grund für einen Harnsäure-Spiegel der vorwiegend über den normalen Werten liegt, wird in den meisten Fällen durch eine erbliche Stoffwechselstörung hervorgerufen. In der Fachsprache wird dies primäre Hyperurikämie genannt. 99% der Menschen die von dieser Störung befallen sind, verfügen über eine limitierte Funktion der Nieren in Bezug auf Urin zu lassen. Der restliche Prozentsatz entsteht durch ein defektes Enzym das am Aufbau,bzw. an der Reduzierung der Purine beteiligt ist, auch Sekundäre Hyperurikämie genannt.

Der Harnsäure-Spiegel im Blut kann jedoch auch durch bestimmte Erkrankungen oder Medikamente ansteigen und eine so genannte sekundäre Hyperurikämie verursachen. Dies passiert durch:

- einen erhöhten Um- bzw. Abbau der Zellen. Dies kann z.B. durch Schuppenflechte, hämolytischer Anämie, Blutkrebs oder Chemotherapie passieren wo viele Zellen sterben. Dies führt zu erhöhten Purinmengen die zu Harnsäure abgebaut werden.

- Diabetes Typ 2 oder Nierenkrankheiten die die Ausscheidung von Harnsäure über die Niere senken

- Therapeutische Mittel gegen Krebs oder TB (Tuberkulose), Aspirin das zur Blutverdünnung eingesetzt wird (<1 Gramm/Tag), Abführmittel oder Wasserabtreibende Mittel

- Übermäßiger Alkoholkonsum: Der Abbau des im Körper befindlichen Alkohols hat den Effekt, das mehr Harnsäure produziert wird, die Menge des ausgeschiedenen Urins ist jedoch reduziert.

Erhöhte Harnsäure-Spiegel, wie bei der primären und sekundären Hyperurikämie vorliegen, sind verantwortlich fuer sind für das Entstehen von beiden Arten von Gicht. Wenn die Konzentration der Harnsäure im Blut und in der Gewebeflüssigkeit zu hoch ist, dann führt dies zu kristall-förmigen Ablagerungen in den Gelenken und Geweben. Diese Harnkristalle (Urat Kristalle) bestehen aus Mono-Natriumurat wovon der Körper bei einer Gichterkrankung bis zu 30 Gramm anlagern kann.

Akute Gicht

Das Risiko eines Gichtanfalls nimmt bei einer akuten Gicht zu wenn die Harnsäure-Werte sich erhöhen. 0,5% der Gichterkrankten verspüren den ersten Gichtanfall bei sieben bis neun Milligramm/ Deziliter Blut und 5% bei mehr als 9 Milligramm/ Deziliter Blut. Bei mehr als 10 Milligramm pro Deziliter Blut sind es weit mehr als 90% die den ersten Gichtanfall erleiden.

Eine entzündliche und immunologische Reaktion kann durch unterschiedliche Wirkungen der Harnsäurekristalle in den betroffenen Gelenken mit Immunzellen auslösen. Solche Reaktionen können sich äußerst schnell entwickeln und dann zu einem Anfall führen. Der Grund dafür ist oft wenn der Betroffene zu viel Fleisch gegessen hat, zu viel Alkohol getrunken hat oder Alkoholiker ist oder bei einer strengen Diät. Wenn ein Betroffener Alkohol trinkt kann es zu einer Veränderung des Harnsäure Spiegels kommen. Dabei kann passieren, das der Betroffene nur vermindert urinieren kann oder das Blut übersäuert wird wenn der Körper versucht den Alkohol abzubauen, was zur Folge hat das eine Kristallbildung provoziert wird.

Chronische Gicht

Bei Betroffenen die schon zeit geraumer Zeit gichtkrank sind können Knoten nahe der Gelenke an den Extremitäten oder unter der Haut entstehen. Die Tohpi (Gichtknoten) werden durch die gehäuften Ablagerungen der Kristalle gebildet.

Prinzipiell können sich tophöse Ablagerungen im ganzen Körper entwickeln. In der Niere können aus Ablagerungen Nierengrieß oder Nierensteine entstehen.

Die ersten Gichtanfälle lösen in der Regel noch keine bleibenden Gelenkschäden aus. Wird der Harnsäure-Spiegel jedoch nicht durch eine geeignete Behandlung gesenkt, treten die Gichtanfälle in immer kürzeren Intervallen auf und schädigen die Gelenke dauerhaft. Die betroffenen Gelenke werden dann deformiert und der Knochen zerstört. In der Folge schmerzen die Gelenke ständig bei Bewegung, schwellen an und werden zunehmend unbeweglich. Wenn die Harnsäure-Konzentration im Blut nicht auf den Normwert gesenkt wird, lagern sich Harnsäurekristalle u. a. in den Nieren ab dabei entstehen Nierensteine, die die Nierenfunktion so stark beeinträchtigen können das es im schlimmsten Fall zu einem Nierenversagen kommen kann.

BEHANDLUNG GICHT

Medikamente

Der Arzt behandelt Gicht normalerweise mit entzündungshemmenden Medikamenten wie nichtsteroidale Antirheumatika (NSAR), kortisonfreie Schmerzmittel.

Hausmittel

Das Risiko an Gicht zu erkranken, minimiert sich beachtlich durch Information über diese Volkskrankheit. Menschen die bereits an Gicht erkrankt sind können sich mit wirksamen Hausmitteln selber helfen. Diese Hausmittel können normalerweise neben den medizinischen Maßnahmen anwendet werden..

Eine Ernährungsumstellung kann für eine Gicht Wunder bewirken, dabei heißt es Übergewicht zu reduzieren da ungesundes Übergewicht häufig die Auslöser für Gicht sind.
Das bedeutet man sollte Fleisch und Wurstwaren zu sich nehmen und fettige Backwaren sowie fettigen Fisch (Makrelen, Hering oder Lachs) vermeiden. Eine Umstellung auf fettreduziertes Kochen ist bei Gicht unbedingt angesagt, sowie eine Einschränkung von Zucker und Honig.

Alkohol sollte soweit vermieden werden, insbesondere Bier, das sehr viel Purin enthält. Es hilft viel zu trinken, wobei Wasser genau wie Kräuter- und Früchtetees dafür sorgen, dass der Purinabbau im Körper beschleunigt wird. Ein mäßiger Kaffegenuss ist laut den neusten Studienergebnissen bei Gicht nicht mehr verboten.

Bewegung

Leichte Sportarten, sowie schwimmen, walking, radfahren, Yoga oder spazieren gehen kann sehr hilfreich sein wenn man unter Gicht leidet.

Pflanzliche Stoffe

Brennnesseln, Goldrute, Bockshornkleesamen, Ingwer und Kurkuma sind ein bewährtes Hausmittel gegen Gicht, da sie die Kräuter die Harnsäure binden und für eine rasche Ausscheidung aus dem Körper sorgen.
Die entzündungshemmenden Heilpflanzen können als Gewürz genauso gut verwendet werden wie als Tee.

Alfalfa (Luzerne) wirkt ebenfalls harntreibend mit einer ausgleichenden Wirkung auf den gestörten Säure-Base-Haushalt und versorgt den Körper mit Mineralien und bremst somit das Fortschreiten der Gicht etwas aus.

Vitamine

Vitamin C, entweder in Tablettenform, Kapseln, als Pulver oder durch Essen von Früchten mit hohem Vitamin C Gehalt schützt den Körper gegen Gicht.

ERNÄHRUNG BEI GICHT

Gicht kann in fast allen Fällen durch eine richtige Ernährung beeinflusst werden. Nach dem 2ten Weltkrieg war Gicht mehr oder weniger ausgestorben und hat sich erst als sich die Versorgung mit Fleisch oder alkoholischen Getränken verbesserte wieder häufiger verbreitet.

Dadurch das Gicht eine Stoffwechselerkrankung ist, sollte deshalb auf den Puringehalt der Nahrung achten.

Da Purine Ausgangssubstanzen für die Bildung von Harnsäure sind, sollte man generell Lebensmittel mit einem Puringehalt von mehr als 150mg pro 100g vermeiden und generell die Aufnahme von purin-haltigen Lebensmitteln einschränken. Dies betrifft vor allem tierische Produkte, aber auch Hülsenfrüchte, Spargel oder Rosenkohl können größere Mengen Harnsäure enthalten.

Falls Sie weitere purinarme Rezepte suchen können wir Ihnen unser Gichtkochbuch mit über 150+ Rezepten empfehlen. (inklusive Harnsäurewerten)

Nach neuen Forschungsergebnissen führt pflanzliche Harnsäure aber wesentliche seltener zur Auslösung einer Gicht, so dass von diesen pflanzlichen Nahrungsmitteln nicht mehr abgeraten wird.

Für Gichtpatienten ist eine ausreichende Trinkmenge wichtig: Dabei sollten vor allem kalorienfreie Getränke wie klares Wasser, Tee oder Kaffee getrunken werden. Alkoholische Getränke sollten so weit wie möglich vermieden werden da sie die Harnsäureausscheidung über die Nieren behindern.

ERNÄHRUNG BEI RHEUMATISCHEN ERKRANKUNGEN

Kann eine Ernährungsumstellung Rheumaerkrankungen beeinflussen? Die Antwort ist ein klares ‚Ja'. Die richtige Ernährung ist eine äußerst wichtige Ergänzung der medikamentösen Therapie für Rheumaerkrankungen und sollte nicht als Diät, sondern als Lebensstil angesehen werden sowie als Eigenhilfe, die Krankheit so weit wie möglich selber zu kontrollieren.

Man sollte sich jedoch darüber im Klaren sein, das keine Ernährungsweise einen vollständiger Ersatz für eine ärztliche Behandlung rheumatischer Erkrankungen darbietet.

Obwohl Diäten ein Teil der Rheumatherapie sind darf dessen Bedeutung nicht überschätzt, jedoch sollte sie auch nicht ignoriert werden da eine Ernährungsumstellung bei entzündlich-rheumatischen Erkrankungen die Wirkung von Medikamenten und Operationen generell unterstützen kann.

Eine auf das Krankheitsbild passende Diät kann das Wohlbefinden verbessern und andere Vorteile erbringen, wie eine Linderung der Gelenkschmerzen oder man muss oft weniger Medikamente einnehmen und kann sich gleichzeitig vor anderen Erkrankungen wie z.B. Herz-Kreislauf-Erkrankungen schützen.

Eine Diät die dem Körper ausreichende Nährstoffe, Antioxidantien, Vitamine und Spurenelemente verabreichen kann wirkt sich auf jeden Fall positiv auf die Erkrankung. Dies kann im Fall einer Rheumaerkrankung heissen, das der Entzündungsprozess gemildert wird und man Knochenschwund vorbeugen kann.

Der Trend zum natürlichen Heilverfahren und der Wunsch vieler Betroffenen selbstinitiative zu ergreifen wenn es um ihre Gesundheit geht hat dazu beigetragen das die Mikrobiom-Forschung gezielt nach Zusammenhängen zwischen Ernährung und chronischer Krankheit sucht. Mikrobiome sind die im und am gesamten Körper lebenden Mikroorganismen. Vor allem der Darm enthält große Mengen von Darmbakterien und Pilzen, die einerseits zahlreiche nützliche, sogar lebensnotwendige Funktionen ausüben, andererseits jedoch möglicherweise zur Krankheitsentstehung beitragen können.

Da sich Menschen mit unterschiedlicher Ernährungsweise auch im Mikrobiom voneinander unterscheiden, wird zurzeit intensive erforscht, ob Störungen des Mikrobioms rheumatische Erkrankungen unterhalten oder evtl. sogar auslösen könnte. Diese Frage ist extrem important in Bezug auf die Ernährung von Rheumakranken.

Gesundheitsgefährdende Lebensmittel bei Rheumaerkrankungen

Bei entzündlich-rheumatischen Krankheiten sollte man nur geringe Masse von Arachidonsäure aufnehmen, da diese Säure Entzündungen in den Gelenken begünstigt.

Arachidonsäure fällt in die Kategorie der Omega-6 Fettsäuren und ist ausschließlich in tierischen Produkten enthalten. Im Gegensatz zu Arachidonsäure sind Fischöle reich an Omega-3-Fettsäuren die den gegenteiligen Effekt bewirken. Omega-3 Fettsäuren haben eine entzündungshemmende Wirkung und sind in fettreichen Fischarten wie Hering, Makrele, Lachs, Sardine oder Heilbuttenthalten.

Beide kommen reichlich in Pflanzlichen Öle, vor allem Raps-, Soja-, Lein- und Walnussöl haben ebenfalls einen entzündungshemmenden Effekt weil sie Alpha-Linolsäure und Vitamin E enthalten.

Phosphat und oxalathaltige Lebensmittel sind extrem schädlich für die Knochen. Diese Stoffe binden Kalzium und entziehen es dem Körper. Eine oft unterschätzte Phosphatquelle sind Cola Getränke, die obendrein Karies verursachen und durch ihren hohen Zuckergehalt zur Überernährung beitragen. Fleisch und Wurstprodukte sind ebenfalls phosphatreich.

Man muss deshalb nicht gleich Vegetarier oder Veganer werden, jedoch sollte nicht öfters als 1 bis zweimal pro Woche Tierprodukte sowie stark phosphat und oxalathaltige Lebensmittel verzehren.

Tierexperimente, sowie auch Studien an Rheuma-Patienten haben bewiesen, dass Nahrungsmittel den Verlauf einer rheumatischen Erkrankung beeinflussen könnten. Vor allem Fettverbindungen können entzündungshemmende oder entzündungsfördernde Wirkungen entfalten.

Fazit

Übergewicht überlastet die Gelenke. Eine bewusste Ernährung hingegen erhöht die Leistungsfähig und hält fit. Bei Erkrankungen kann eine bewusste Ernährung eine medikamentöse Behandlung positiv beeinflussen. Im Vordergrund stehen dabei

- die Auswahl geeigneter Lebensmittel
- eine ausreichende Zufuhr an knochenstärkendem Kalzium, um Knochenschwund (= Osteoporose) vorzubeugen
- Arachidonsäure , sowie phosphat und oxalathaltige Lebensmittel zu reduzieren
- auf das Gewicht zu achten und Übergewicht abzubauen, um die Gelenke nicht zusätzlich zu belasten

Generell empfehlenswert ist in diesem Zusammenhang die so genannte Mittelmeerkost die reich an frischem Obst und Gemüse ist. Produkte tierischer Herkunft sollten stark reduziert werden.

ALLGEMEINE HINWEISE

Bewegung ist besonders wichtig um gesunde und feste Knochen zu erhalten. Alleine durch eine Gewichtsabnahme erzielt man mehr Bewegung und schützt sich gleichzeitig vor Herz-Kreislauf- und Stoffwechselerkrankungen.

Ohne ausreichende Bewegung liegt das Risiko einer Osteoporose sowie Übergewicht zu entwickeln weitaus höher. Leichte Sportarten kann jeder machen, das Wichtigste ist man fängt damit an!

Das durch Sonnenlicht produzierte Vitamin D ist ein anderes Element was wichtig für die Knochenbildung ist. Gehen sie an der frischen Luft spazieren!

Frauen sollten ebenfalls mehr Kalzium zu sich nehmen, da nach den Wechseljahren eine Osteoporose oft besonders stark ausgeprägt.

Rauchen und Alkohol sind nicht nur schädlich für Herz und Leber, Alkoholiker und Raucher ziehen sich auch schneller Knochenbrüche zu.

Leckere und hilfreiche Rezepte

Frühstück/ Aufstriche

Himbeerdrink

Nährwertangaben: Kalorien: ca. 140 kcal, 7 g Eiweiß, 1 g Fett, 23 g Kohlenhydrate

Zutaten für 2 Portionen:

- 200 g reife Himbeeren
- 300 ml Buttermilch
- 100 ml Orangensaft
- 1 EL Honig
- 1 Msp. Vanillemark
- etwas gehackte Minze oder Zitronenmelisse

Zubereitung:

1. Himbeeren vorsichtig waschen, verlesen.
2. Mit den übrigen Zutaten im Mixer kräftig verquirlen.

3. Auf zwei Gläser verteilen. Nach Belieben mit gekühltem Mineralwasser aufgießen.

Kiwi Nuss Müsli

Nährwertangaben: Kalorien: ca. 360 kcal, 13 g Eiweiß, 11 g Fett, 48 g Kohlenhydrate

Zutaten für 1 Portion:

- 3 EL Vollkorn-Haferflocken
- 1 EL Vollkorn-Weizenflakes
- 1 EL gehackte Nüsse (z.B. Haselnüsse, Mandeln, Walnüsse)
- 1 große oder 2 kleine Kiwis
- 200 g fettarmer Naturjoghurt oder 200 ml fettarme Milch
- 1 TL Honig oder Ahornsirup Zimt

Zubereitung:

1. Flocken, Flakes und Nüsse in eine Müslischale geben.
2. Kiwis schälen, in Stücke schneiden.
3. Mit Joghurt oder Milch, Honig oder Ahornsirup und Zimt untermischen.

Kichererbsen- Aufstrich

Nährwertangaben: Kalorien: 55 kcal, Eiweiß: 2 g, Fett 2 g, Kohlenhydrate: 5 g,

Zutaten für 10 Portionen:

- 120 g Kichererbsen
- 3 EL Olivenöl
- 3 EL Zitronensaft
- 1 kleine Knoblauchzehe

* Salz
* Kümmel
* Frische Minze

Zubereitung:

1. Kichererbsen pürieren.
2. Olivenöl und Zitronensaft und Knoblauch hinzugeben.
3. Mit Minze, Kümmel und Salz abschmecken.

Energieriegel

Nährwertangaben: Kalorien: 223 kcal, Kohlenhydrate: 10 g, Eiweiß: 7 g, Fett: 16 g

Zutaten für 12 Portionen:

- 200 g Mandeln (über Nacht einweichen und abtropfen lassen)
- 100 g Sonnenblumenkerne (über Nacht einweichen und abtropfen lassen)
- 80 g Banane – schälen
- 50 g gehackte Datteln
- 40 g Cranberrys – fein hacken
- 1 EL weißer Sesam
- je eine Prise Vanille-, und Muskatnußpulver (optional)

Zubereitung:

1. Für den Riegel die Mandeln, Sonnenblumenkerne, Datteln, Banane, Vanille und Muskat in einen Mixer geben und zu einer Masse verarbeiten. Diese dann in eine Schüssel geben und die Cranberrys einarbeiten.
2. Die Masse auf ein Backpapier geben und mit Hilfe einer nassen Palette (zum Glattstreichen) zu einem großen, gleichmäßig hohen (ca. 5 mm) und glatten Rechteck ausstreichen.
3. Nun daraus 12 Riegel schneiden (jeweils ca. 4 cm breit und ca. 10 cm lang) und mit dem Sesam betreuen.
4. Nun für 18 Stunden bei 42 °C in einem Dörrgerät trocknen. Nach 6 Stunden alles einmal wenden und das Backpapier entfernen.

5. Dann wieder nach 6 Stunden wenden und fertig trocknen.

Pancakes mit Beeren

Nährwertangaben: Kalorien: 276 kcal, Kohlenhydrate 35 g, Eiweiß 10,5 g, Fett 10g

Zutaten für 4 Portionen:

- 2 Eier
- 20 g Puderzucker
- 1 Vanilleschote
- 200 g Buttermilch
- ½ TL Natron
- 3 EL Rapsöl
- 150 g Dinkelvollkornmehl
- 2 TL Backpulver
- 200 g Beeren (z. B. Heidelbeeren, Himbeeren) Ahornsirup oder Puderzucker

Zubereitung:

1. Eier mit gesiebtem Puderzucker verrühren. Vanilleschote längs aufschneiden, das Mark herauskratzen und zur Eimasse geben.
2. Buttermilch, Natron, 2 EL Rapsöl, Mehl und Backpulver mit einem Mixer unter die Eiermasse rühren.
3. Den Teig 15 Minuten ruhen lassen.
4. Die Beeren waschen und verlesen, wenn nötig klein schneiden.
5. Etwas Öl in eine beschichtete Pfanne geben und erhitzen.

6. 3 bis 4 Teigkleckse hineingeben, mit einigen Beeren belegen, die Pancakes bei schwacher Hitze goldbraun backen, dann vorsichtig wenden.
7. Nach Belieben Puderzucker oder Ahornsirup über die fertigen Pfannkuchen geben.

Joghurt mit Beerensalat

Nährwertangaben: Kalorien: 197kcal, Kohlenhydrate 20g, Eiweiß 3,9g, Fett 3g

Zutaten für 4 Portionen:

- 1 unbehandelte Orange
- 150 g frische Himbeeren
- 250 g Erdbeeren
- 100 g Heidelbeeren
- 100 g Brombeeren
- 1 EL Zucker
- 100 g Joghurt, 1,5 % Fett
- 1 EL gehackte Haselnüsse
- 1 EL Sonnenblumenkerne
- 1 EL Honig

Zubereitung:

1. Die Orangenschale abreiben, dann die Orange halbieren und auspressen. Den Abrieb zur Seite stellen.
2. Beeren waschen, putzen, Erdbeeren evtl. halbieren oder vierteln.
3. Die Beeren mit Orangensaft und Zucker verrühren, über Nacht in den Kühlschrank stellen.

4. Haselnüsse und Sonnenblumenkerne in einer Pfanne ohne Fett leicht rösten.
5. Den Joghurt mit Abrieb der Orangenschale und Honig mischen.
6. Die Beeren auf 4 Gläser verteilen, mit Joghurt bedecken und mit Nüssen und Sonnenblumenkernen bestreuen.

Erdbeerquark mit Nüssen

Nährwertangaben: Kalorien: 380 kcal, 22 g Eiweiß, 20 g Fett, 24 g Kohlehydrate

Zutaten für 2 Portionen:

- 1 EL Haselnusskerne
- 1 EL Sonnenblumenkerne
- alternativ bei Rheuma: 1 EL Kürbiskerne
- 1 (ca. 300 g) Orange
- 100 g Erdbeeren
- 300 g Magerquark
- 2 EL (1,5 % Fett) Milch
- 2 EL Leinöl
- 1 TL flüssiger Honig

Zubereitung:

1. Die Haselnüsse grob hacken und mit den Sonnenblumenkernen (bei Rheuma Kürbiskerne verwenden) in einer Pfanne ohne Fett bei mittlerer Hitze hell rösten. Herausnehmen und abkühlen lassen.
2. Die Orange so großzügig schälen, dass auch die weiße Haut mit entfernt wird. Das Fruchtfleisch vierteln oder

halbieren und in Scheiben schneiden, dabei den austretenden Saft auffangen.

3. Die Erdbeeren schneiden.
4. Den Quark mit Milch, Öl, aufgefangenem Orangensaft und Honig cremig verrühren.
5. Auf Schalen verteilen, mit den Orangenstücken und Erdbeeren belegen und mit den Nüssen und Kernen bestreut servieren.

Himbeer-Kokos Porridge

Nährwertangaben: Kalorien: 430 kcal, 14 g Eiweiß, 22 g Fett, 38 g Kohlenhydrate

Zutaten für 2 Portionen:

- 150 g Himbeeren
- 150 g rote Johannisbeeren
- 1 EL Reissirup
- 350 ml fettarme Milch
- oder: 350 ml Kokosmilch
- 6 EL Haferflocken
- 50 g Kokosraspel
- Salz

Zubereitung:

1. Die Himbeeren und Johannisbeeren mit dem Zucker mischen und bis zum Servieren ziehen lassen.
2. Inzwischen die Milch mit Haferflocken, Kokosraspeln und 1 Prise Salz in einen Topf geben und unter Rühren einmal aufkochen.

3. Den Porridge vom Herd nehmen, kurz abkühlen lassen und abwechselnd mit der Beerenmischung in Gläser schichten. Nach Belieben mit ein paar Minzeblättern garnieren.

Kakao Cashew Milch

Nährwertangaben: Kalorien: 569 kcal, 20 g Eiweiß, 36 g Fett, 38 g Kohlenhydrate

Zutaten für 2 Portionen:

- 1 Handvoll (ca. 80 g) Cashewkerne
- 200 ml Wasser
- 1 EL schwach entölter Kakao
- 1 getrocknete Feige
- 1 Prise Zimt
- 1 Prise Kardamom

Zubereitung:

1. Die Cashewkerne etwa 10 Stunden in einer Schüssel mit wenig Wasser einweichen.
2. Das Einweichwasser abschütten und die Cashews kurz abspülen.
3. Frisches Wasser und die übrigen Zutaten nach und nach in einen Mixer geben, dazwischen immer wieder auf höchster Stufe mixen.

Smoothie mit Mango und Brennesseln

Nährwertangaben: Kalorien: 261 kcal, 4g Eiweiß, 13 g Fett, 31,9 g Kohlenhydrate

Zutaten für 2 Portionen:

- 2 Handvoll Brennnessel-Blätter
- 1/2 Bund Petersilie
- 1 reife Mango
- 1 reife Banane
- 1/2 Apfel
- 1/2 Avocado
- 1 EL Leinöl
- etwas Wasser

Zubereitung:

1. Kräuter waschen und trocken schütteln.
2. Mango und Avocado schälen und das Fruchtfleisch vom Kern lösen. Banane schälen. Apfel waschen, vierteln und vom Kerngehäuse befreien.
3. Alles mit Leinöl und Wasser in einen Mixer geben oder in einem hohen Gefäß mit einem Pürierstab pürieren.

Smoothie mit Mango, Grapefruit und Petersilie

Nährwertangaben: Kalorien: 242 kcal, 5 g Eiweiß, 6,2 g Fett, 36,7 g Kohlenhydrate

Zutaten für 2 Portionen:

- 200 g Petersilie

- 1 Orange
- 1 Grapefruit
- 1 Mango
- 100 ml Wasser
- 1 TL Leinöl
- 1 TL Weizenkeimöl

Zubereitung:

1. Petersilie gut waschen, das Obst schälen.
2. Von der Mango das Fruchtfleisch lösen und das Obst grob zerkleinern.
3. Alle Zutaten zusammen im Mixer oder mit dem Pürierstab fein pürieren.

Smoothie mit Papaya und Spinat

Nährwertangaben: Kalorien: 191 kcal, 5 g Eiweiß, 10,6 g Fett, 18,4 g Kohlenhydrate

Zutaten für 1 Portion:

- 150 g frischer Spinat
- ½ entkernte Papaya
- ½ Banane
- 100 ml Wasser
- 1 TL Leinöl
- 1 TL Weizenkeimöl

Zubereitung:

1. Die Spinatblätter gut waschen, Papaya und Banane schälen und grob zerkleinern.

2. Alle Zutaten zusammen in einem Mixer oder mit einem
   Pürierstab fein pürieren.

Smoothie mit Ananas und Spinat

Nährwertangaben: Kalorien: 287 kcal, 8,4 g Eiweiß, 11,2 g Fett, 35 g
Kohlenhydrate

Zutaten für 1 Portion:

- 300 frischer Spinat
- ½ Ananas
- 150 ml Wasser
- 1 TL Leinöl
- 1 TL Weizenkeimöl

Zubereitung:

1. Die Spinatblätter gut waschen, die Ananas schälen und
   grob zerkleinern.
2. Alle Zutaten zusammen in einem Mixer oder mit einem
   Pürierstab fein pürieren.

Smoothie mit Trauben Birne und Banane

Nährwertangaben: Kalorien: 331 kcal, 3 g Eiweiß, 11g Fett, 54,4 g Kohlenhydrate

Zutaten für 1 Portion:

- 150 g Weintrauben
- 5 Rote-Bete-Blätter
- 1 Birne
- 1 Banane
- 200 ml Wasser
- 1 TL Leinöl
- 1 TL Weizenkeimöl

Zubereitung:

1. Weintrauben, Birne und Rote-Bete-Blätter gut waschen, die Banane schälen.
2. Die Kerne der Trauben und der Birne entfernen und das Obst/Gemüse grob zerkleinern.
3. Alle Zutaten zusammen im Mixer oder mit dem Pürierstab fein pürieren.

Smoothie mit Himbeere Pfirsich und Salat

Nährwertangaben: Kalorien: 100 kcal, 2 g Eiweiß, 6 g Fett, 8 g Kohlenhydrate

Zutaten für 1 Portion:

- 150 ml Wasser
- 50 g Himbeeren
- 5-6 Blätter Kopfsalat
- 1 Pfirsich
- 1 EL Leinöl

Zubereitung:

1. Obst und Salat abbrausen, den Kern vom Pfirsich lösen und das Fruchtfleisch zerkleinern.
2. Alle Zutaten zusammen in einem Mixer oder mit einem Pürierstab gut pürieren.

Lachsfrischkäse

Nährwertangaben: Kalorien: 42 kcal, Eiweiß: 5 g, Fett: 2g, Kohlenhydrate: 1 g

Zutaten für 10 Portionen:

- 230 g Frischkäse
- 1 TL Meerrettich
- 1 EL Dill
- 1 TL Zitronensaft
- Salz und Pfeffer
- 100 g geräucherter Lachs

Zubereitung:

1. Frischkäse mit Meerrettich, Dill und Zitronensaft vermengen.
2. Salz, Pfeffer und Lachs unter den Frischkäse geben.

Smoothie mit Mango Banane und Möhre

Nährwertangaben: Kalorien: 180 kcal, 4 g Eiweiß, 7 g Fett, 22 g Kohlenhydrate

Zutaten für 2 Portionen:

- 400 ml Wasser
- 150 g Babyspinat
- Grün von 3 Möhren
- 1 Orange
- 1 Mango
- 1 Banane
- 1 EL Leinöl

Zubereitung:

1. Das Obst schälen und grob zerkleinern, dabei das Mangofleisch vom Kern lösen. Salat und Möhrengrün gut waschen.
2. Alle Zutaten zusammen in einem Mixer oder mit einem Pürierstab fein pürieren.

Kürbisaufstrich

Nährwertangaben: Kalorien: 70 kcal, Eiweiß: 1 g, Fett: 5 g, Kohlenhydrate: 5 g

Zutaten für 4 Portionen:

- 100 g Hokkaidokürbis
- 1 mittelgroße Kartoffel
- ½ kleine Zwiebel
- 2 EL Rapsöl
- 50 ml Gemüsebrühe
- Salz und Pfeffer

- Chili
- Thymian

Zubereitung:

1. Kürbis, Zwiebel und die Kartoffel würfeln.
2. Das Rapsöl erhitzen und Zwiebel anschwitzen.
3. Kürbis, Kartoffel und Zwiebel dazugeben, mit Gemüsebrühe angießen.
4. 15 Minuten kochen.
5. Pürieren und mit Chili, Salz, Pfeffer und Thymian würzen.

Avocado Feta Dip

Nährwertangaben: Kalorien: 290 kcal, 7 g Eiweiß, 22 g Fett, 13 g Kohlenhydrate

Zutaten für 1 Portion:

- ½ Avocado
- 1 Knoblauchzehe
- 35 g Feta
- Saft von 1 Limette
- Salz und Pfeffer

Zubereitung:

1. Die Avocado halbieren, vom Kern befreien und schälen.
2. Das Fruchtfleisch in eine Schale geben.
3. Die Knoblauchzehe schälen und fein hacken, mit Feta und Limettensaft zur Avocado geben. Mit einer Gabel alles zu einer cremigen Masse zerdrücken.
4. Mit Salz und Pfeffer abschmecken.

Olivendip

Nährwertangaben: Kalorien: 190 kcal, 3 g Eiweiß, 19 g Fett, 2 g Kohlenhydrate

Zutaten für 8 Portionen:

- 1 Knoblauchzehe
- 200 g grüne entsteinte Oliven
- 100 g gemahlene Mandeln
- 2 EL gehackte Petersilie
- 70 ml Olivenöl
- Salz und Pfeffer

Zubereitung:

1. Die Knoblauchzehe schälen und zusammen mit den Oliven im Mixer oder in einer hohen Rührschüssel mit dem Pürierstab fein zerkleinern.
2. Die restlichen Zutaten dazugeben und alles gut verrühren.

Chili Garnelen auf Avocado Creme

Nährwertangaben: Kalorien: 173 kcal, 16,1 g Eiweiß, 8,7 g Fett, 6,7 g Kohlenhydrate

Zutaten für 2 Portionen:

- 150 g Garnelen
- 1 Limette
- 1/2 Chilichote
- 1/2 rote Zwiebel
- 150 g Salatgurke
- 1 EL passierte Tomaten
- 1/2 Avocado
- 1 EL Rotwein-Essig

- 2 EL (1,5 % Fett) Joghurt

1. Die Garnelen abspülen und trocken tupfen.
2. Die Limette auspressen.
3. 1 EL Saft mit einem 1/2 l Salzwasser zum Kochen bringen. Die Garnelen darin einmal aufkochen und herausnehmen. Kurz in eiskaltes Wasser tauchen und anschließend gut abtropfen lassen.
4. Die Garnelen mit dem restlichen Limettensaft in einer Schüssel mischen und eine Stunde im Kühlschrank ziehen lassen.
5. Inzwischen die Zwiebel schälen und fein würfeln.
6. Die Chilischote längs halbieren, entkernen, waschen und sehr fein würfeln. Den Koriander waschen, trocken schütteln, die Blätter abzupfen und fein hacken.
7. Die Gurke schälen, längs halbieren und entkernen. Das Fruchtfleisch in kleine Würfel schneiden.
8. Alles zusammen mit den passierten Tomaten unter die Garnelen mischen. Mit Salz und Pfeffer würzen und weitere 15-20 Minuten ziehen lassen.
9. Die halbierte Avocado entsteinen und das Fruchtfleisch aus der Schale lösen. Mit Rotwein-Essig, Joghurt, Salz und Pfeffer in ein hohes Gefäß geben. Mit einem Stabmixer pürieren.
10. Das Avocadopüree in zwei Gläser füllen. Die Garnelen darauf verteilen und sofort mit etwas Koriander garniert servieren.

Antipasti-Brötchen

Nährwertangaben: Kalorien: 60 kcal, 8,7 g Kohlenhydrate, 2 g Fett, 1,6 g Eiweiß

Zutaten für 25 Portionen:

- 1 kleine Zwiebel
- 1 EL Rapsöl
- 5–6 getrocknete Tomaten
- in Öl 80 g schwarze Oliven ohne Stein
- 10 g frische Hefe
- ½ TL Zucker
- 300 g Dinkelmehl Type 630
- 1 TL Salz Pfeffer

Zubereitung:

1. Zwiebel schälen und fein würfeln.
2. Öl in einer Pfanne erhitzen, darin die Zwiebel glasig dünsten. Anschließend
3. abkühlen lassen.
4. Getrocknete Tomaten und Oliven in kleine Würfel schneiden.
5. Hefe und Zucker in einer Rührschüssel in 2 bis 3 EL lauwarmem Wasser auflösen. Mehl, Salz, Pfeffer, 3 EL Tomatenöl (von den eingelegten Tomaten) und 100 ml Wasser dazugießen und alles mischen.
6. Gewürfelte Oliven, Tomaten und Zwiebeln zufügen, gut durchmischen, bis ein glatter Teig entsteht.
7. Abgedeckt 1 Stunde bei Raumtemperatur gehen lassen.
8. Den Teig noch mal kurz durchkneten, dann etwa 25 pralinengroße Brötchen formen. Auf ein Backblech mit Backpapier legen, weitere 10 Minuten bei Raumtemperatur gehen lassen.
9. Die Brötchen mit etwas Wasser besprenkeln, in den kalten Backofen stellen und bei 180 °C Umluft etwa 20 Minuten backen.

Zaziki

Nährwertangaben: Kalorien: 108 kcal, Eiweiß: 17 g, Fett: 2 g, Kohlenhydrate 5 g,

Zutaten für 4 Portionen:

- 500 g Magerquark
- ½ Gurke
- Salz und Pfeffer
- 5 Knoblauchzehen
- 1 TL Olivenöl

Zubereitung:

1. Den Quark in eine Schüssel geben.
2. Die Gurke in den Quark raspeln.
3. Öl, Gewürze, Salz, Pfeffer, Knoblauch unterrühren

Möhrenaufstrich

Nährwertangaben: Kalorien: 38 kcal, Eiweiß: 1 g, Fett 2 g, Kohlenhydrate: 3 g

Zutaten für 10 Portionen:

- 500 g Möhren
- 2 EL Olivenöl
- 1 Knoblauchzehe
- Salz und Pfeffer
- Kümmel
- 150 g Joghurt

Zubereitung:

1. Die Möhren grob raspeln und in Olivenöl andünsten.
2. Knoblauch beifügen.

3. Die Masse abkühlen lassen und Joghurt unterrühren.

Hauptspeisen

Pesto rosso

Nährwertangaben: Kalorien: 742 kcal, 18 g Kohlenhydrate, 7g Eiweiß, 63 g Fett

Zutaten für 2 Portionen:

- 120 g getrocknete Tomaten in Öl
- 150 g geröstete, im Sud eingelegte Paprika
- 1 kleine rote Chilischote
- 1 Knoblauchzehe
- 50 g gehackte Haselnüsse
- 70 ml Olivenöl
- 3 Prisen Salz
- etwas Thymian oder Rosmarin
- 75 g Parmesan

Zubereitung:

1. Tomaten und Paprika zerkleinern, Chilischote entkernen, waschen und klein schneiden.
2. Knoblauchzehe schälen und fein würfeln.
3. Haselnüsse in einer Pfanne ohne Öl vorsichtig hellbraun anrösten.
4. Etwas abkühlen lassen.
5. Die vorbereiteten Zutaten in den Mixer geben und pürieren.

6. Nach und nach Olivenöl zugießen und alles mit Salz und Kräutern würzen. Zum Schluss den Parmesan reiben und unterheben.

Möhrensuppe

Nährwertangaben: Kalorien: 123 kcal, Eiweiß :5 g, Fett :7 g, Kohlenhydrate: 9g

Zutaten für 2 Portionen:

- 1 kleine Zwiebel
- 2 TL Rapsöl
- 2 mittlere Möhren
- 2 TL Tomatenmark
- 2 Tassen Gemüsebrühe
- Salz und Pfeffer
- 2 Prisen Zucker
- 2 EL saure Sahne, 10 % Fett
- ½ Bund Kerbel

Zubereitung:

1. Die Zwiebel schälen und fein hacken.
2. Öl erhitzen und die Zwiebel glasig dünsten.
3. Möhren fein würfeln und mit den Zwiebeln andünsten.
4. Tomatenmark dazugeben, kurz mit rösten, mit der Gemüsebrühe aufgießen und den Gewürzen abschmecken.
5. Die saure Sahne glatt rühren, unter die Suppe rühren, nicht mehr kochen lassen.
6. Die Kerbelblättchen fein gehackt über die Suppe streuen.

Kartoffel Gemüsesuppe

Nährwertangaben: Kalorien: 183 kcal, 4,4 g Eiweiß, 11g Fett, 17 g Kohlenhydrate

Zutaten für 2 Portionen:

- 150 g Kartoffeln
- 300 g Gemüse
- 1 EL Rapsöl
- 0,6 l Brühe
- frischer Thymian
- 2 Lorbeerblätter
- Pfeffer

Zubereitung:

1. Kartoffeln, Gemüse (z.B. Zucchini, Karotten, Sellerie oder Fenchel) in kleine Stücke schneiden.
2. Öl in einem Topf vorsichtig erhitzen.
3. Kartoffeln und Gemüse 2 Minuten darin andünsten, mit Brühe aufgießen und die Kräuter dazugeben.
4. Alles ca. 10 Minuten köcheln lassen. Die Lorbeerblätter herausnehmen.
5. Dann die Suppe pürieren und nochmals abschmecken.

Paprikasuppe

Nährwertangaben: Kalorien: 106 kcal, 16,6 g Kohlenhydrate, 3 g Fett, 3 g Eiweiß

Zutaten für 4 Portionen:

- 2 große rote Paprikaschoten
- 1 Zwiebel
- 2 Kartoffeln
- 1 EL Rapsöl
- 800 ml Gemüsebrühe
- 1 TL Curry
- ½ TL Kurkuma
- Salz und Pfeffer
- Paprikapulver edelsüß

Zubereitung:

1. Paprikaschoten waschen, Kerngehäuse entfernen und die Schoten in Würfel schneiden.
2. Zwiebel und Kartoffeln schälen und fein würfeln. Öl in einem Topf erhitzen, Zwiebeln darin andünsten und Paprika dazugeben.
3. Mit Brühe aufgießen, dann die Kartoffeln ergänzen.
4. Mit Curry und Kurkuma würzen und 20 Minuten leicht köcheln lassen. Die Suppe mit einem Stabmixer fein pürieren.
5. Mit Salz, Pfeffer und Paprikapulver abschmecken.

Gemüsesuppe

Nährwertangaben: Kalorien: 132 kcal, Kohlenhydrate 10,2 g, Fett 6,6 g, Eiweiß 7 g

Zutaten für 6 Portionen:

- 1 kleiner Blumenkohl
- 2 Möhren

- 1 Kohlrabi
- ½ Wirsing
- 1 Stange Lauch
- ½ Sellerieknolle
- 40 g Butter
- 1½ l Gemüsebrühe
- 1 Prise Muskat
- 2 EL gehackte Petersilie

Zubereitung:

1. Das Gemüse in kleine Würfel, Ringe und Röschen teilen.
2. Die Butter in einem großen Topf erhitzen und den Wirsing kräftig anbraten.
3. Anschließend das restliche Gemüse zugeben und mit Brühe aufgießen.
4. Die Suppe 30 Minuten köcheln lassen, dann mit Muskat würzen und mit der Petersilie bestreuen.

Tomaten-Reis-Suppe

Nährwertangaben: Kalorien: 135 kcal, 23,7 g Kohlenhydrate, 2,5 g Fett, 4,3 g Eiweiß

Zutaten für 4 Portionen:

- 1 Schalotte
- 1 Knoblauchzehe
- 1 kleine Zucchini
- 125 g Reis
- Salz und Pfeffer

- 1 EL Olivenöl
- 1 EL Tomatenmark
- 500 ml passierte Tomaten
- Paprikapulver edelsüß
- eine Prise Zucker

Zubereitung:

1. Schalotte und Knoblauch schälen und hacken.
2. Zucchini waschen, putzen und würfeln.
3. Reis in Salzwasser garen.
4. Schalotte und Knoblauch in Olivenöl glasig dünsten, Zucchini dazugeben und anbraten.
5. Tomatenmark zufügen, unterrühren und kurz mit braten, mit den passierten Tomaten ablöschen und ca. 5 bis 10 Minuten köcheln lassen.
6. Die Suppe mit einem Stabmixer pürieren. Mit Salz, Pfeffer, Paprikapulver und einer Prise Zucker würzen.
7. Gegarten Reis abgießen und unterrühren.

Kokos- Garnelen Suppe

Nährwertangaben: Kalorien: 290 kcal, 16 g Eiweiß, 18 g Fett, 13 g Kohlenhydrate

Zutaten für 2 Portionen:

- 1 (ca. 5 cm) Stück Ingwer
- 2 Knoblauchzehen
- 1 Stange Zitronengras
- 4 Frühlingszwiebel
- 1 EL Öl

- 200 ml Kokosmilch
- ½ TL rote Currypaste
- 200 g passierte Tomaten
- 400 ml Gemüsebrühe
- 150 g Garnelen
- 1 EL Kokosfett
- ½ Limette
- etwas Palmzucker

Zubereitung:

1. Ingwer und Knoblauch schälen und fein würfeln.
2. Zitronengras fein hacken und der Länge nach halbieren.
3. Die Frühlingszwiebeln in dünne Ringe schneiden.
4. Öl in einer Pfanne erhitzen und Ingwer, Knoblauch, Zitronengras und Frühlingszwiebeln darin kurz andünsten.
5. Kokosmilch, rote Thai-Currypaste und die passierten Tomaten hinzufügen.
6. Alles aufkochen, die Brühe dazugießen und die Suppe zugedeckt bei schwacher Hitze etwa 5 Minuten köcheln lassen.
7. Inzwischen die küchenfertigen Garnelen waschen und trocken tupfen.
8. Das Kokosfett in einer Pfanne erhitzen und die Garnelen darin 2 bis 3 Minuten scharf anbraten. Herausnehmen und beiseite stellen.
9. Falls nötig, das Zitronengras aus der Suppe entfernen.
10. Die Suppe mit einem Stabmixer fein pürieren und mit Limettensaft und 1 Prise Palmzucker abschmecken.

11. Die Garnelen in die Suppe geben und alles auf der
Nachwärme der Herdplatte noch etwa 15 Minuten ziehen
lassen.

Zwiebelsuppe

Nährwertangaben: Kalorien: 229kcal, Eiweiß: 13g, Fett: 14g, Kohlenhydrate: 14g

Zutaten für 4 Portionen:

- 750 g Gemüsezwiebeln
- 1 große Karotte
- 1 EL Rapsöl
- 1 L Gemüsebrühe
- Salz und Pfeffer
- Muskatnuss
- getrockneter Thymian
- 4 dünne Scheiben Vollkornbrot
- 100 g Parmesan

Zubereitung:

1. Die Zwiebeln und die Karotte schälen, sehr fein hacken,
in heißem Öl dünsten und mit Brühe ablöschen.
2. Die Suppe mit Salz, Pfeffer, wenig Muskat und Thymian
würzen und 20 Minuten garen.
3. Die Brotscheiben rösten. Den Parmesan reiben.
4. Die Zwiebelsuppe auf Teller verteilen, je eine
Brotscheibe darauf legen und mit reichlich Parmesan
bestreuen.

Kürbissuppe mit Ingwer

Nährwertangaben: Kalorien: 220 kcal, 4 g Eiweiß, 14 g Fett, 14 g Kohlenhydrate

Zutaten für 2 Portionen:

- ca. 350 g Hokkaido-Kürbis
- 2 Knoblauchzehen
- 2 mittelgroße Zwiebeln
- 1 Stück (ca. 5 cm) Ingwer
- ½ TL gekörnte Gemüsebrühe
- 1 EL Rapsöl
- Currypulver
- 1-2 EL saure Sahne
- Pfeffer

Zubereitung:

1. Hokkaido-Kürbis waschen, halbieren, Kerne und Fasern mit einem Löffel entfernen.
2. Das Kürbisfleisch mit der Schale in Würfel schneiden.
3. Zwiebel und Knoblauch schälen, die Zwiebel in grobe, den Knoblauch in feine Würfel schneiden.
4. Den Ingwer schälen und fein hacken. Die Instant-Brühe in 600 ml kochendem Wasser einrühren.
5. Das Öl in einem großen Topf erhitzen und die Zwiebel darin andünsten. Knoblauch und Ingwer dazugeben und kurz mitdünsten.
6. Mit Currypulver nach Geschmack bestäuben und kurz umrühren.
7. Die Kürbiswürfel hinzufügen und anbräunen.
8. Mit der Brühe ablöschen und alles zugedeckt bei schwacher Hitze 15-20 Minuten köcheln lassen, bis der Kürbis vollständig zerfallen ist. Dabei ab und zu umrühren.
9. Die saure Sahne und 100 ml Wasser unterrühren.

10. Mit einem Stabmixer fein pürieren und nochmals kurz
aufkochen. Zum Servieren die Suppe mit frischem Pfeffer aus
der Mühle würzen.

Champignon - Lauch - Suppe

Nährwertangaben: Kalorien: 113 Kcal, 8 g Eiweiß, 5 g Fett, 8 g Kohlenhydrate

Zutaten für 4 Portionen:

- 2 kleine Stangen Lauch
- 1 EL Rapsöl
- 800 ml Geflügelbrühe
- 300 g Champignons
- 200 ml (4 %) Kondensmilch
- Petersilie
- Salz und Pfeffer

Zubereitung:

1. Den Lauch putzen und in feine Streifen schneiden.
2. Bei schwacher Hitze in Öl andünsten, dann mit der
   Geflügelbrühe ablöschen.
3. Inzwischen die Champignons putzen, kurz abbrausen
   und in Scheiben schneiden. Einige Scheiben zur Seite
   legen, die restlichen zum Lauch geben und bei
   schwacher Hitze 10 Minuten ziehen lassen.
4. Anschließend Kondensmilch hinzufügen und pürieren.
5. Die Petersilie waschen, hacken, unterrühren und alles
   mit Salz und Pfeffer abschmecken.
6. Die restlichen Champignonscheiben auf die Suppe geben
   und servieren.

Heringssalat

Nährwertangaben: Kalorien: 412 kcal, 9 g Kohlenhydrate, 32,5 g Fett, 20 g Eiweiß

Zutaten für 4 Portionen:

- 2 Eier
- 2 EL Butter
- 1 EL Weizenmehl Type 405
- 100 ml Milch
- 1,5 % Fett
- 200 g Schmand
- Salz und Pfeffer
- 1 große Zwiebel
- 200 g Essiggurken
- 1 Apfel
- 300 g Heringsfilet in Öl
- 2 EL Gurkenbrühe

Zubereitung:

1. Eier hart kochen und abkühlen lassen.
2. Butter in einem Topf schmelzen, das Mehl darin anschwitzen und mit Milch ablöschen.
3. Den Topf vom Herd nehmen und den Schmand unterrühren. Die Sauce mit Salz und Pfeffer würzen, abkühlen lassen.
4. Eier , Zwiebel , Gurken , Apfel klein würfeln und in die Sauce geben.

5. Heringsfilets längs teilen, dann in größere Würfel schneiden und ebenfalls untermischen.
6. Alles gut vermischen und mit Gurkenbrühe, Salz und Pfeffer würzen.
7. Den Salat mindestens 1 Stunde im Kühlschrank durchziehen lassen.

Melonen-Feta-Salat

Nährwertangaben: Kalorien: 211 kcal, 19 g Kohlenhydrate, 11,3 g Fett, 8 g Eiweiß

Zutaten für 4 Portionen:

- 400 g Wassermelone
- 200 g Honigmelone
- 200 g Galiamelone
- 2 EL Olivenöl
- 1 EL Zitronensaft
- 1 TL Honig
- 1 Msp. mittelscharfer Senf
- 1 Prise Salz
- 150 g Feta
- 1 TL frischer Thymian
- schwarzer Pfeffer aus der Mühle

Zubereitung:

1. Melonen in Stücke schneiden.
2. Olivenöl, Zitronensaft, Honig, Senf und Salz miteinander verrühren und über die Melonenstücke gießen.
3. Kurz durchziehen lassen.

4. Feta in grobe Stücke brechen, zusammen mit dem Thymian unter die Melonen mischen und den Salat mit Pfeffer bestreut servieren.

Forellensalat mit Mango

Nährwertangaben: Kalorien: 187 kcal, 12 g Kohlenhydrate, 7,6 g Fett, 16,8 g Eiweiß

Zutaten für 4 Portionen:

- 1 kleiner aromatischer Apfel
- 2 EL Zitronensaft 1 kleine Salatgurke
- 1 kleine reife Mango
- ½ Bund Frühlingszwiebeln
- 100 g Champignons
- ½ Bund Dill
- 125 g Crème légère
- 2 TL Dijon-Senf
- Salz und Pfeffer
- 1 Prise Zucker
- 250 g geräuchertes Forellenfilet

Zubereitung:

1. Den Apfel in dünne Scheiben schneiden, in eine Schüssel geben und mit 1 EL Zitronensaft mischen.
2. Die Gurke schälen, längs halbieren, entkernen und in dünne Scheiben schneiden.
3. Die Mango schälen, den Stein entfernen, das Fruchtfleisch klein würfeln.
4. Frühlingszwiebeln und Champignons putzen und in Ringe beziehungsweise Scheiben schneiden.

5. Alles zu den Äpfeln in die Schüssel geben.
6. Den Dill hacken.
7. Crème légère mit Dill, restlichem Zitronensaft und Senf vermischen. Mit Salz, Pfeffer und Zucker würzen.
8. Den Salat mit dem Dressing mischen. Das Forellenfilet in kleine Stücke teilen und kurz vor dem Servieren unterheben.

Bunter Bohnensalat

Nährwertangaben: Kalorien: 210 Kcal, Eiweiß: 7g, Fett: 11g, Kohlenhydrate: 15g

Zutaten für 4 Portionen:

- 200 g grüne Bohnen
- 1 Zwiebel
- 1 Paprikaschote
- 1 kleine Dose weiße Bohnen (250 g)
- 1 kleine Dose Kidneybohnen (250 g)
- 2 EL Weinessig
- 2 EL saure Sahne
- ½ TL Senf
- ½ TL Tomatenketchup
- ½ TL Meerrettich
- Salz und Pfeffer
- 1 EL Öl
- gehackter Thymian

Zubereitung:

1. Die Bohnen in kochendem Salzwasser 6-8 Minuten bissfest garen.

2. Die Zwiebel in dünne Ringe schneiden.
3. Die Paprika würfeln.
4. Die Kidneybohnen und weißen Bohnen in einem Sieb abtropfen lassen.
5. Bohnen, Zwiebel und Paprika zusammen in eine Schüssel geben.
6. Für das Dressing Essig, saure Sahne, Senf, Ketchup, Meerrettich, Öl und Thymian verrühren und mit Salz und Pfeffer würzen.
7. Dressing über den Salat geben und noch ca. 5 Minuten ziehen lassen.

Spargelsalat mit roten Linsen

Nährwertangaben: Kalorien: 320 kcal, 17 g Eiweiß, 13 g Fett, 31 g Kohlenhydrate

Zutaten für 2 Portionen:

- 500 g grüner Spargel
- 100 g rote Linsen
- 1 rote Zwiebel
- 2 EL weißer Balsamico-Essig
- 1-2 TL scharfer Senf
- Salz und weißer Pfeffer
- 2 EL Olivenöl
- 2 EL Schnittlauchröllchen

Zubereitung:

1. Den Spargel waschen, das untere Drittel schälen und die holzigen Endstücke abschneiden.

2. In kochendem Salzwasser in 15 bis 20 Minuten bissfest garen.
3. Die Linsen mit 200 ml Wasser bei geringer Hitze zugedeckt gut zehn Minuten garen, bis alle Flüssigkeit aufgenommen ist.
4. Die Zwiebel abziehen und in Ringe schneiden.
5. Den Spargel abtropfen lassen und schräg in drei Zentimeter lange Stücke schneiden.
6. Zwiebelringe, Spargelstücke und Linsen vermengen.
7. Essig, Senf und Olivenöl zu einem Dressing verrühren, mit Salz und Pfeffer abschmecken. Unter den Salat heben und kurz durchziehen lassen.
8. Mit den Schnittlauchröllchen bestreuen.

Mango-Avocado Salat

Nährwertangaben: Kalorien: 296 kcal, 4 g Eiweiß, 21 g Fett, 15 g Kohlenhydrate

Zutaten für 4 Portionen:

- 1 Mango
- 2 Avocado
- 1 EL Zitronensaft
- 350 g Cocktailtomaten
- 250 g Rucola
- 2 EL Zitronensaft
- 2 EL Orangensaft
- 1 EL Senf
- 2 EL Olivenöl
- Pfeffer

Zubereitung:

1. Mango schälen und das Fruchtfleisch in Würfel oder Streifen schneiden.
2. Avocado würfeln, sofort mit dem Zitronensaft beträufeln.
3. Die Tomaten waschen und halbieren.
4. In einer Schüssel Mango, Avocado, Tomaten und Rucola vorsichtig mischen.
5. Zitronen- und Orangensaft mit dem Senf verrühren und mit Salz und Pfeffer würzen.
6. Das Öl untermischen. Das Dressing zum Servieren über den Salat geben.

Bulgursalat

Nährwertangaben: Kalorien: 340 kcal, Kohlenhydrate: 41 g, Eiweiß: 6 g, Fett: 8 g

Zutaten für 4 Portionen:

Für den Salat

- 200 g grober Bulgur
- 400 ml Gemüsebrühe
- 250 g Salatgurke
- 2 Fleischtomaten
- 2 Möhren
- 1 Bund Petersilie
- 1 Zweig Minze
- Pfeffer und Salz
- Muskat

Für das Dressing

- 4 EL Olivenöl
- 1 EL Balsamico- Essig

- Salz - Pfeffer - Zucker
- Kreuzkümmel

Zubereitung:

1. Bulgur in einem Topf ca 1 Minute anrösten.
2. Die Brühe hineinzugießen, aufkochen und zugedeckt ca. 15 Minuten quellen lassen.
3. Abkühen lassen und mehrmals umrühren.
4. Gurke und Tomate klein würfeln.
5. Möhre fein raspeln und Petersilie und Minze hacken.
6. Die Zutaten für das Dressing vermischen.
7. Abgekühlten Bulgur mit Gemüse, Kräutern und Dressing vermischen.
8. Den Salat mit Salz, Pfeffer und Muskatnuss abschmecken.

Italienischer Brotsalat

Nährwertangaben: Kalorien: 220 kcal, Eiweiß: 5 g, Fett 10 g, Kohlenhydrate 44 g

Zutaten für 2 Portionen:

- 80 g Weißbrot (z.B. Baguette, Ciabatta)
- 1 kleine Zwiebel in feinen Streifen oder 1 Frühlingszwiebel in feinen Ringen
- 1/2 fein zerdrückte Knoblauchzehe
- 150 g Salatgurke
- 1 feste reife Tomate
- je 1/2 rote und orange Paprikaschote
- etwas Rucola oder gehackte Petersilie nach Belieben
- 2 EL weißer Balsamico-Essig
- Salz und Pfeffer

- 2 EL Olivenöl
- Basilikumblättchen

Zubereitung:

1. Brot würfeln, in einer Pfanne ohne Fett bei mittlerer Hitze leicht rösten.
2. Gurke, Tomate und Paprika würfeln.
3. Für das Dressing Essig, Gewürze und Öl verrühren.
4. Brot, Gemüse, Kräuter und Dressing mischen.
5. Den Salat mindestens 1 Stunde durchziehen lassen. Nochmals vorsichtig durchrühren. Mit Basilikumblättchen anrichten.

Geflügelsalat

Nährwertangaben: Kalorien: 177 kcal, Eiweiß: 21,5 g, Fett: 5,8 g, Kohlenhydrate: 9 g

Zutaten für 8 Portionen:

- 500 g frische Pute
- EL Koksfett
- Salz und Pfeffer
- 4 gekochte Eier
- 2 Zwiebeln
- 2 (1 rote, 1 grüne) Paprika
- 2 säuerliche Äpfel
- Petersilie
- 500 g fettarmer Naturjoghurt

Zubereitung:

1. Das Geflügel in Würfel schneiden und im Kokosfett
   goldbraun braten.
2. Fleisch mit Salz und Pfeffer würzen.
3. Äpfel, Paprika, Zwiebeln und Eier zerkleinern.
4. Zum Fleisch hinzugeben und untermischen.
5. Petersilie zerkleinern, mit dem Naturjoghurt vermengen.

Brokkoli- Linsen Salat

Nährwertangaben: Kalorien: 270 kcal, Eiweiß: 17 g, Fett: 17 g, Kohlenhydrate: 16g

Zutaten für 2 Portionen:

- 1 EL Kürbiskerne
- 200 g Brokkoli
- Salz und Pfeffer
- 200 g gegarte Linsen
- 150 g Cocktailtomaten
- 2 Frühlingszwiebeln
- 2 EL Weissweinessig
- 2 EL Orangensaft
- 2 EL Olivenöl
- 80 g Ricotta

Zubereitung:

1. Die Kürbiskerne in der Pfanne ohne Fett rösten. Danach
   abkühlen lassen.
2. Brokkoli zerkleinern, 3 Minuten blanchieren,
   abschrecken und in einem Sieb abtropfen lassen.
3. Tomaten und Zwiebeln fein würfeln.

4. Für das Dressing Essig, Orangensaft, Salz, Pfeffer und Öl
   verrühren .
5. Brokkoli, Tomaten, Zwiebeln mit dem Dressing mischen.
6. Die Kürbiskerne untermischen.
7. Ricotta auf dem Salat verteilen.

Auberginen-Auflauf mit Mozzarella

Nährwertangaben: Kalorien 290 kcal, Eiweiß: 16 g, Fett: 20 g, Kohlenhydrate: 8 g

Zutaten für 4 Portionen:

- 750 g Aubergine
- 1 Zwiebel
- 1 Knoblauchzehe
- 3 EL Olivenöl
- 1 kleine Dose geschälte Tomaten
- 200 g Mozzarella
- 20 g geriebener Parmesan
- Salz und Pfeffer
- Getrockneter Oregano und frisches Basilikum

Zubereitung:

1. Backofen auf 220 Grad vorheizen.
2. Auberginen in Scheiben schneiden und im Backofen ca.
   5-7 Minuten grillen.
3. Zwiebel und Knoblauch hacken, andünsten, Tomaten
   dazugeben.
4. Mit Salz, Pfeffer, Oregano und Basilikum würzen und 8-
   10 Minuten köcheln.
5. Mozzarella dünn schneiden.

6. Auflaufform leicht einölen, 2 EL Tomatensoße hineingeben.
7. Alle Zutaten in die Auflaufform geben:
8. Auberginen, 2- 3 EL Tomatensoße, Mozzarellascheiben, 2 EL geriebenen Parmesan
9. 15-20 Minuten im Backofen backen

Grillgemüse

Nährwertangaben: Kalorien: 264 kcal, Eiweiß: 7g, Fett: 17g, Kohlenhydrate: 24 g

Zutaten für 2 Portionen:

- 3 Paprika
- 2 Zucchini
- 2 Zwiebeln
- 3 EL Olivenöl
- 1 Knoblauchzehe
- Thymian, Petersilie, Salz und Pfeffer

Zubereitung:

1. Paprika und Zucchini klein schneiden.
2. Zwiebeln und Knoblauch fein hacken.
3. 3. Kräuter waschen und fein schneiden.
4. 4. Gemüse vermischen, Olivenöl dazugeben und mit Kräutern bestreuen.
5. 5. Bei 180 Grad 25-30 Minuten im Backofen garen.

Rinderrouladen

Nährwertangaben: Kalorien: 276 kcal, Kohlenhydrate: 6g, Fett: 12 g, Eiweiß: 36 g

Zutaten für 4 Portionen:

- 4 Rinderrouladen
- Salz und Pfeffer
- 2 EL Senf
- 2 kleine Zwiebeln
- 70 g Katenschinken
- 2 EL Rapsöl
- 4 Nelken
- 4 Wacholderbeeren
- 2 Lorbeerblätter
- ein Schuss Rotwein
- 250 ml Gemüsebrühe
- Speisestärke zum Binden der Sauce

Zubereitung:

1. Rouladen mit einem Fleischklopfer leicht plattklopfen.

2. Mit Salz und Pfeffer bestreuen und Senf bestreichen.

3. Zwiebeln und Katenschinken in kleine Würfel schneiden und auf die Rouladen geben, einrollen und mit Küchengarn fixieren.

4. Öl im Topf erhitzen, die restlichen Zwiebeln andünsten.

5. Rouladen mit Gewürzen hineingeben und anbraten, mit Rotwein ablöschen.

6. Die Rouladen bei niedriger Temperatur mindestens 90 Minuten schmoren.

Hirse- Gemüseauflauf

Nährwertangaben: Kalorien: 394 kcal, Eiweiß: 22 g, Fett: 14 g, Kohlenhydrate: 44 g

Zutaten für 4 Portionen:

- 1 Gemüsezwiebel
- 1 große Karotte
- 1 Paprika
- 1 EL Rapsöl
- 200 g Hirse
- 200 ml Gemüsebrühe
- 1 EL Oregano
- 1 TL Rosmarin
- 4 Eier
- 200 g Erbsen
- Salz, Pfeffer
- 50 g Parmesan

Zubereitung:

1. Backofen auf 200 Grad vorheizen.

2. Zwiebel, Möhre und Paprika würfeln, alles zusammen andünsten.

3. Hirse unter Wasser abspülen, mit Brühe und Kräutern zum Gemüse geben und 15 Minuten köcheln.

4. Dem Gemüse Eier und Erbsen unterheben.

5. Salzen und pfeffern, in die gefettete Auflaufform geben und 20 Minuten backen.

6. Parmesan reiben, 5 Minuten vor Ende der Backzeit über
den Auflauf streuen.

Blumenkohlcurry mit Tofu

Nährwertangaben: Kalorien: 360 kcal, Eiweiß: 26 g, Fett: 17 g, Kohlenhydrate: 12 g

Zutaten für 4 Portionen:

- 1 Blumenkohl
- 1 Zwiebel
- 2 Knoblauchzehen
- 2 kleine rote Chilischoten
- 2 EL Rapsöl
- 1 TL Meersalz
- 2 EL Currypulver
- 1 TL Kurkuma
- 500 ml Gemüsebrühe
- 250 g Zuckerschoten
- 400 g Tofu
- 2-3 EL Zitronensaft
- 1 EL Kokosflocken

Zubereitung:

1. Blumenkohlröschen zerteilen und den Strunk würfeln.

2. Zwiebel und Knoblauchzehen fein hacken, Chilischoten
würfeln.

3. Öl erhitzen und Zwiebeln, Knoblauch, Chili, Salz, Curry und
Kurkuma darin anbraten.

4. Mit Brühe ablöschen und köcheln lassen.

5. Blumenkohlröschen zugeben und zugedeckt bei mittlerer Hitze 25 Minuten garen.

6. Nach 15 Minuten die Zuckerschoten waschen, Tofu in dünne Streifen schneiden.

7. Zuckerschoten und Tofu einige Minuten vor Ende der Garzeit zum Blumenkohl hinzufügen.

8. Curry mit Zitrone abschmecken und mit Kokosflocken bestreuen.

Couscous Hähnchen

Nährwertangaben: Kalorien: 380 kcal, Eiweiß: 36 g, Fett: 11 g, Kohlenhydrate: 29 g

Zutaten für 4 Portionen:

- 4 Hähnchenfilets
- 2 Knoblauchzehen
- 4 Zwiebeln
- 4 Möhren
- 1/2 Knollensellerie
- 2 EL Olivenöl
- 100 g Couscous
- 600 ml Gemüsebrühe
- Salz und Pfeffer
- Koriander und Kümmel
- 6 Stiele Petersilie

Zubereitung:

1. Hähnchenbrustfilets waschen, trocken tupfen und würfeln.
2. Knoblauch und Zwiebeln schälen und würfeln

3. Möhren und Sellerie putzen, schälen und ebenfalls würfeln.
4. Öl in einem Topf erhitzen und das Hähnchenfleisch andünsten, Gemüse dazugeben und ca. 6 Minuten garen.
5. Das Couscous hinzufügen und kurz andünsten.
6. Mit Brühe ablöschen und alles ca. 10 Minuten kochen.
7. Petersilie fein hacken.
8. Couscous mit Salz, Pfeffer, Koriander und Kümmel würzen.

Blumenkohl-Pizza

Nährwertangaben: Kalorien: 480 kcal, Eiweiß: 23g, Fett: 23g, Kohlenhydrate: 12g

Zutaten für 2 Portionen:

Teig:

- 220 g Blumenkohl
- 1 Ei
- 180 g Käse
- 1 Knoblauchzehe
- 1 TL italienische Kräuter
- ½ TL Salz

Belag:

- 1 Dose passierte Tomaten
- Gemüse, Putenaufschnitt, Käse

Zubereitung:

1. Blumenkohl mit der Reibe fein zerreiben.

2. Blumenkohl-Gries ca. 8 Minuten bei 600 Watt in der Mikrowelle vorgaren.
3. Backofen auf 180 Grad vorheizen.
4. Knoblauch hacken, Käse raspeln.
5. Knoblauch, Käse, Blumenkohl, Gewürze und Salz mischen.
6. Die Masse auf ein Backblech geben und ca. 15 Minuten backen.
7. Passierte Tomaten auf dem Teig verteilen, mit Zutaten nach Wunsch belegen.
8. Eine Handvoll Reibekäse drüber streuen.
9. Weitere 10 Minuten backen, bis der Käse braun ist.

Gemüsecurry mit Mango

Nährwertangaben: Kalorien: 165 kcal, Fett: 4g, Kohlenhydrate: 23 g, Eiweiß: 8 g

Zutaten für 4 Portionen:

- 1 Zwiebel
- 1 Stück Ingwer
- 2 Knoblauchzehen
- 2 Zucchini
- je 1 rote und gelbe Paprika
- 2 Möhren
- 1 Mango
- 1 EL Kokosöl
- 80 g rote Linsen
- 1 Dose Bio-Kokosmilch
- 400 ml Wasser
- 1 EL Tomatenmark
- 1 EL Curry
- 1 EL Kurkuma
- Salz und Pfeffer

Zubereitung:

1. Zwiebel, Ingwer und Knoblauch fein hacken.

2. Das Gemüse putzen und in Stücke schneiden.

3. Linsen abspülen und abtropfen lassen.

4. Kokosöl erhitzen und Gemüse kurz anbraten, Linsen und Ingwer dazugeben und anrösten.

5. Mit Kokosmilch und Wasser aufgießen.

6. Tomatenmark und Gewürze zufügen und ca.15 Minuten bei mittlerer Hitze köcheln.

7. Mango schälen und das Fruchtfleisch würfeln, über das Gemüsecurry streuen.

Kartoffelpfanne

Nährwertangaben: Kalorien: 214 kcal, Eiweiß: 6g, Fett: 3 g, Kohlenhydrate: 39 g

Zutaten für 4 Portionen:

- 800 g festkochende Kartoffeln
- 1 Gemüsezwiebel
- 2 große Paprikaschoten
- 1 EL Rapsöl
- 2 Äpfel
- 200 g Gewürzgurken
- Salz und Pfeffer
- 1 TL Majoran

Zubereitung:

1. Kartoffeln ca. 25 Minuten in wenig Wasser garen.

2. Kartoffeln schälen und abkühlen lassen.

3. Zwiebel schälen und würfeln.

4. Paprikaschoten klein würfeln.

5. Paprika und Zwiebeln andünsten.

6. Äpfel waschen und grob würfeln.

7. Mit in die Pfanne geben und bei geringer Hitze ca. 3 Minuten mitdünsten.

8. Kartoffeln und Gurke in Würfel schneiden und in der Pfanne dünsten.

9. Mit Salz, Pfeffer und Majoran würzen.

Kohlrabi-Lasagne

Nährwertangaben: Kalorien: 460 kcal, Kohlenhydrate: 19 g, Eiweiß: 42 g, Fett: 5 g

Zutaten für 4 Personen:

- 4 mittelgroße Kohlrabi
- Salz und Pfeffer
- 2 Zwiebeln
- 1 Knoblauchzehe
- 1 EL Olivenöl
- 400 g Rinderhack
- 1 Dose passierte Tomaten
- 2 TL Majoran
- 150 ml Milch
- 1 Ei
- 400 g fettarmer Frischkäse
- Muskat

Zubereitung:

1. Kohlrabi in Scheiben schneiden und in Salzwasser 5- 7 Minuten garen lassen.

2. Zwiebeln und Knoblauch fein hacken.

3. Hackfleisch anbraten, Zwiebeln und Knoblauch hinzufügen.

4. passierten Tomaten dazugeben und 20 Minuten köcheln lassen.

5. Mit Salz, Pfeffer und Muskatnuss würzen.

6. Kohlrabi und Hackfleisch abwechselnd in einer Auflaufform schichten.

7. Mit Eiermilch übergießen und 30 Minuten im Backofen backen.

Falafel mit Avocadocreme

Nährwertangaben: Kalorien: 457 kcal, Eiweiß: 15 g, Fett: 28 g, Kohlenhydrate: 36 g

Zutaten für die Avocado-Creme:

- 2 reife Avocados
- 1 Spritzer Zitronensaft
- 1 Knoblauzehe
- 500 g (3,5 %) Joghurt
- 1 Prise gemahlener Kreuzkümmel
- Salz und Pfeffer
- wahlweise 1 Stängel frische Minze

Zubereitung:

1. Avocados halbieren schälen und das Fruchtfleisch in einer Schüssel mit der Gabel zerdrücken.
2. Knoblauchzehe fein hacken, mit dem Joghurt und Kreuzkümmel dazugeben.

3. Alles gut verrühren, mit Salz und Pfeffer abschmecken.

Zutaten für die Falafel ca. 10 Stück:

- 75 g Couscous
- 250 g Kichererbsen
- 1 kleine Zwiebel
- 2 Knoblauchzehen
- ½ Bund Petersilie
- 1 EL Leinmehl alternativ: 1 EL geschrotete Leinsamen oder Kichererbsenmehl
- 1 gehäufter TL gemahlener Kreuzkümmel
- 1 gehäufter TL gemahlener Koriander
- ½ TL Kurkuma
- Salz und Pfeffer
- zum Braten: 2 EL Olivenöl

Zubereitung:

1. Couscous mit etwas Salzwasser zubereiten.

2. Kichererbsen mit kaltem Wasser abspülen und abtropfen lassen.

3. Zwiebel, Knoblauch und Petersilie hacken.

4. Kichererbsen, Zwiebel, Knoblauch, Petersilie und Gewürze in den Standmixer geben und pürieren.

5. Die Kichererbsen mit dem vorbereiteten Couscous verrühren, mit Salz und Pfeffer abschmecken.

6. Mit einem Esslöffel Teig von der Masse abnehmen, zu Bällchen formen und leicht flach drücken.

7. Öl in einer Pfanne erhitzen, die Falafel ca. 6-8 Minuten knusprig braten.

Linsenbratlinge mit Joghurtdip

Nährwertangaben: Kalorien: 560 Kcal, Eiweiß: 21g , Fett: 32 g, Kohlenhydrate: 41 g

Zutaten für 4 Personen:

Für die Bratlinge:

- 200 g getrocknete Linsen
- ½ TL getrockneter Thymian
- 1 Blatt Lorbeer
- 80 g Zwiebeln
- 2 Knoblauchzehen
- 1 rote Chilischote
- 1 EL Olivenöl
- 200 g Möhren
- 1 Dinkelbrötchen
- 1 Bund Petersilie
- 1 EL hellen Sesamsamen
- 1 Eigelb
- 2 EL Dinkelmehl
- Frisch geriebener Muskat
- Salz und Pfeffer
- Gemahlener Koriander und Kreuzkümmel

Für den Dip:

- 60 g Frühlingszwiebeln
- 300 g Naturjoghurt

- 1 EL natives Olivenöl
- 1 El Leinöl
- Salz und Pfeffer

Zubereitung:

1. Linsen ca. 40 Minuten kochen, Thymian und Lorbeerblatt beigeben.

2. Zwiebeln und Knoblauch würfeln.

3. Chilischote und Petersilie fein hacken.

4. Möhre fein raspeln.

5. Das Brötchen in einer Schüssel mit warmen Wasser einweichen.

6. Öl in einer Pfanne erhitzen, Zwiebeln, Knoblauch und Chili ca. 5 Minuten dünsten.

7. Das Brötchen ausdrücken.

8. Brötchen, Linsen, Zwiebel- Knoblauch-Mischung, Sesam, Ei und Mehl verrühren.

9. Mit Salz, Koriander, Kreuzkümmel, Muskat und Pfeffer abschmecken.

10. Aus der Masse Bratlinge formen.

11. Die Bratlinge bei mittlerer Hitze ca. 3-4 Minuten auf beiden Seiten knusprig braten.

12. Die Zutaten für den Dip vermischen.

Kohlrouladen

Nährwertangaben: Kalorien 497kcal, Eiweiß: 22g, Fett: 19g, Kohlenhydrate: 58g

Zutaten für 4 Personen:

- 300 ml Apfelsaft
- 200 g Couscous
- 1 großer Apfel
- 1 große rote Paprika
- 1 Gemüsegurke
- 50 g Walnüsse
- 3 Eier
- Salz und Pfeffer
- Pfeffer
- 1 kleiner Chinakohl
- 2 EL Rapsöl
- 100 ml Gemüsebrühe
- 1 Bund Schnittlauch
- 200 g Frischkäse (5% Fett)
- 2 EL Zitronensaft

Zubereitung:

1. Drei Esslöffel Apfelsaft entnehmen, restlichen Saft erhitzen, mit Couscous mischen und 5 Minuten quellen lassen.
2. Apfel, Gurke und Paprika klein schneiden.
3. Eier, Gemüse und Nüsse mit dem aufgequollenen Couscous vermengen, mit Salz und Pfeffer würzen. Backofen auf 200 Grad vorheizen.

4. Von dem Chinakohl 16 große Blätter ablösen, je zwei Kohlblätter übereinander auf eine Arbeitsfläche legen. Couscousmasse gleichmäßig auf die Blätter verteilen, die Ränder zusammenklappen, aufrollen und mit Holzspießchen oder Küchengarn festmachen.
5. Öl erhitzen, die Chinakohlrouladen 5 Minuten von allen Seiten anbraten, in eine
6. Auflaufform legen, mit Brühe übergießen und im Backofen 20 Minuten garen.
7. Schnittlauch mit Frischkäse, Zitronensaft und den drei Esslöffeln Apfelsaft verrühren mit Pfeffer und Salz würzen und zu den Rouladen servieren.

Hähnchenragout mit grünem Spargel

Nährwertangaben: Kalorien: 361 kcal, Kohlenhydrate: 15 g, Fett 13 g, Eiweiß: 40 g

Zutaten für 4 Portionen:

- 750 g grüner Spargel
- 500 g Champignons
- 3 Möhren
- 1 Zwiebel
- 500 g Hähnchenbrustfilet
- 2 EL Rapsöl
- Salz und Pfeffer
- Pfeffer
- 2 EL Weizenmehl Type 405
- 1/8 l halbtrockener Weißwein
- 400 ml Gemüsebrühe
- Muskat
- 200 g Crème légère mit Kräutern

1. Spargel waschen, putzen und holzige Enden abschneiden.
2. Pilze halbieren, Möhren in gleichmäßige Scheiben schneiden.
3. Zwiebel würfeln, Fleisch abtupfen und in Stücke schneiden.
4. Öl in einer Pfanne erhitzen, das Fleisch kurz von allen Seiten kräftig anbraten.
5. Mit Salz und Pfeffer würzen, aus der Pfanne nehmen und ruhen lassen.
6. Zwiebeln und Möhren anbraten, Pilze und Spargel hinzugeben und kurz anschwitzen, mit Salz und Pfeffer würzen.
7. 2 EL Mehl über das Gemüse geben und anschwitzen, mit Wein und Brühe ablöschen, aufkochen und 5 Minuten köcheln lassen.
8. Das Fleisch erneut in die Pfanne legen, mit Salz, Pfeffer und Muskat abschmecken.
9. Das Ragout ca. 20 Minuten mit geschlossenem Deckel bei mittlerer Hitze leicht köcheln lassen.
10. Crème légère einrühren und erwärmen.

Gebratene Champignons mit Tomaten

Nährwertangaben: Kalorien: 289 kcal, Eiweiß: 14 g, Fett: 25 g, Kohlenhydrate: 30 g

- 300 g Champignons
- 2 TL Zitronensaft
- 1 (250 g) Fleischtomate
- 1 (30 g) Schalotte
- 1 Knoblauchzehe
- 1 EL Olivenöl
- 1/2 Bund Petersilie
- Salz und Pfeffer
- 1/2 TL frisch gemahlener Koriander
- 1/4 TL abgeriebene Zitronenschale

Zubereitung:

1. Champignons putzen, in Scheiben schneiden und mit Zitronensaft beträufeln.

2. Fleischtomate mit heißem Wasser überbrühen und häuten, Fruchtfleisch vierteln, entkernen und in 1-2 cm große Würfel schneiden.

3. Schalotte und Knoblauchzehe fein würfeln und in Olivenöl dünsten.

4. Pilze dazugeben und ca. 5 Minuten anbraten.

5. Petersilie waschen und fein hacken.

6. Tomatenwürfel in die Pfanne geben und kurz heiß werden lassen.

7. Das Gemüse mit Salz, Pfeffer, Koriander und Zitronenschale abschmecken, mit Petersilie bestreuen.

Bolognesenudeln mit Walnüssen

Nährwertangaben: Kalorien: 730 kcal, Eiweiß: 36 g, Fett 29 g, Kohlenhydrate: 76 g

Zutaten für 4 Portionen:

- 1 Zwiebel
- 1 große Zucchini
- 1 EL Kokosfett
- 400 g gemischtes Hackfleisch
- 400 g passierte Tomaten
- Salz und Pfeffer
- 400 g Penne
- 1 Töpfchen Basilikum
- 40 g Walnüsse
- 200 g Cocktailtomaten

Zubereitung:

1. Zucchini klein würfeln.
2. Öl in einem Topf erhitzen und Hackfleisch anbraten.
3. Zucchini und Zwiebel dazugeben und 5 Minuten garen.
4. Passierte Tomaten hinzufügen und die Soße ca. 10 Minuten köcheln lassen.
5. Mit Salz und Pfeffer würzen und warm halten.
6. Die Penne in reichlich kochendem Salzwasser bissfest garen.
7. Walnüsse grob hacken und in einer Pfanne ohne Fett leicht anrösten, herausnehmen und abkühlen lassen.
8. Die Tomaten waschen und in einer Pfanne ohne Fett bei starker Hitze 1-2 Minuten anbraten.
9. Basilikum fein hacken und unter die Bolognese rühren.
10. Die angedünsteten Tomaten und Walnüsse unter die Bolognese heben, die Penne damit anrichten.

Gemüsepfanne

Nährwertangaben: Kalorien: 170 kcal, Eiweiß: 9 g, Fett: 7 g, Kohlenhydrate: 17 g

Zutaten für 2 Portionen:

- 100 g Karotten
- 200 g Champignons
- 2 Paprika
- 2 Knoblauchzehen
- 1 große Zwiebel
- 2 TL Rapsöl
- 200 g grüne Tiefkühl-Bohnen
- frische Petersilie
- 250 ml Gemüsebrühe -100 g saure Sahne

Zubereitung:

1. Gemüse klein schneiden.
2. Zwiebel und Knoblauchzehen fein hacken.
3. Rapsöl in einer Pfanne erhitzen.
4. Knoblauch, Zwiebelwürfel und Karottenscheiben darin kurz anschwitzen.
5. Champignons und Paprika beigeben, alles zusammen 10 Minuten garen.
6. Petersilie waschen und fein hacken.
7. Kurz vor Ende der Garzeit Tiefkühl-Bohnen und Petersilie in die Pfanne geben und mit garen. Gemüse mit Gemüsebrühe ablöschen und mit saurer Sahne sämig machen.
8. Mit Salz und Pfeffer abschmecken.

Gefüllte Zucchini mit Kartoffelschnitzen

Nährwertangaben: Kalorien: 373kcal, Eiweiß: 24g, Fett: 14g, Kohlenhydrate: 36g

Zutaten für 4 Portionen:

- 300 g Erbsen, TK
- 600 g festkochende Kartoffeln
- Salz und Pfeffer
- Pfeffer
- Paprikapulver
- 4 mittelgroße Zucchini
- 4 rote Zwiebeln
- 2 EL Rapsöl
- 4 EL Magerquark
- 4 Eier
- 4 EL Ajvar
- 16 Cocktailtomaten

Zubereitung:

1. Tiefkühlerbsen auftauen lassen, Backofen auf 200 Grad vorheizen.

2. Kartoffeln in kleine Spalten schneiden.

3. Auf ein mit Backpapier belegtes Blech legen, mit Salz, Pfeffer, Paprikapulver und Rosmarin würzen und ca. 30 bis 35 Minuten im Backofen garen.

4. Zucchini waschen, längs halbieren, mit einem kleinen spitzen Löffel sorgfältig aushöhlen.

5. Zwiebeln klein schneiden, in heißem Öl kurz dünsten.

6. Das Zucchinifleisch klein schneiden.

7. Die Hälfte der Erbsen pürieren, mit den übrigen Erbsen zu den Zwiebeln geben und kurz mitdünsten.

8. Eier trennen und das Eiweiß steif schlagen.

9. Gemüsemischung mit Quark, Eigelb und Ajvar vermischen, mit Salz, Pfeffer und 1 TL Rosmarin würzen, unter den Eischnee heben und die Zucchinihälften damit füllen.

10. In eine Auflaufform geben, Tomaten vierteln und auf die Zucchinihälften legen.

11. Bei 200 Grad auf der mittleren Schiene 20 Minuten backen.

Tomaten-Rührei mit Krabben

Nährwertangaben: Kalorien: 144 kcal, Kohlenhydrate: 2 g, Fett: 8,8 g, Eiweiß: 15 g

Zutaten für 4 Portionen:

- 150 g Tomaten
- 4 Eier
- 4 kleine Prisen Salz
- schwarzer Pfeffer
- 1 EL Rapsöl
- 150 g Nordseekrabben
- 1 EL frischer Schnittlauch

Zubereitung:

1. Tomaten waschen, putzen und in kleine Würfel schneiden.

2.   Eier aufschlagen, verquirlen, mit Salz und Pfeffer würzen.

3.   Öl in einer Pfanne erhitzen, Krabben darin anbraten.

4. Tomatenwürfel dazugeben, mit den Eiern übergießen und bei mittlerer Hitze stocken lassen.

5. Mit Schnittlauchröllchen bestreuen.

Tomaten Kartoffel Nussbraten

Nährwertangaben: Kalorien: 505 kcal, Eiweiß, 24 g, Fett: 26 g, Kohlenhydrate: 49 g

Zutaten für 4 Portionen:

- 600 g mehlig kochende Kartoffeln
- Salz und Pfeffer
- 75 g Walnüsse
- 20 g Sesam
- 1 Zwiebel
- 150 g getrocknete Tomaten in Öl
- 2 TL Thymian, gerebelt
- 2 TL Rosmarin, gerebelt
- 4 Eier
- 100 g Ajvar, mild
- 100 g Magerquark

Zubereitung:

1. Kartoffeln schälen, ca. 20 Minuten in Salzwasser kochen und abkühlen lassen.

2. Nüsse fein hacken, mit dem Sesam in einer Pfanne ohne Fett leicht rösten.

3. Zwiebel und getrocknete Tomaten schälen und fein hacken.

4. Gekochte Kartoffeln fein reiben. Mit 1 TL Thymian, ½ TL Rosmarin, Eiern, Tomaten, Zwiebeln, Sesam und Walnüssen vermengen, bei Bedarf mit Pfeffer und Salz würzen.

5. Den Backofen auf 180 Grad vorheizen.

6. Eine Kastenform (ca. 25 cm lang) mit Backpapier auslegen und die Tomaten, Kartoffel- Nuss-Masse hineingeben, im Ofen auf der mittleren Schiene 60 Minuten backen, nach der Hälfte der Backzeit wenden.

7. Den restlichen Thymian und Rosmarin mit Ajvar, Walnussöl und Quark verrühren. Mit Salz und Pfeffer abschmecken und zum Braten anbieten.

8. Knoblauch schälen und durch eine Presse drücken.

9. Frischkäse mit Zitronensaft, Öl und Brühe fein pürieren. Rucola dazugeben und kurz mit pürieren.

Kräuteromelett

Nährwertangaben: Kalorien: 320 kcal, Eiweiß: 18 g, Fett: 24 g, Kohlenhydrate: 5 g

Zutaten für 2 Portionen:

- 300 g Salatgurke
- Salz
- 1 Kästchen Gartenkresse
- 50 g Räucherlachs
- 3 Eier
- Pfeffer
- 2 EL Mineralwasser

- 2 EL Kefir
- 2 EL frisch gehackter Dill
- 2 EL Schnittlauchröllchen
- 2 EL Rapsöl

Zubereitung:

1. Gurke in dünne Scheiben schneiden, mit Salz bestreuen.
2. Lachs klein würfeln.
3. Kresse schneiden.
4. Eier mit Salz, Pfeffer, Mineralwasser und Kefir vermengen. Dill und Schnittlauch unterheben.
5. Öl erhitzen und die Eier hineingeben.
6. Mit Lachswürfeln und Kresse bestreuen. Zusammenklappen, halbieren und auf den Gurkenscheiben anrichten.

Gefüllte Tomaten mit Fetakäse

Nährwertangaben: Kalorien: 500 kcal, Fett: 43 g, Kohlenhydrate: 8 g, Eiweiß, 19 g

Zutaten für 2 Portionen:

- 4 große Fleischtomaten
- 1 Zweig Rosmarin
- 1 Zweig Thymian
- 200 g Feta
- 2 EL Olivenöl
- grobes Meersalz
- Pfeffer

Zubereitung:

1. Den Backofengrill vorheizen.

2. Tomaten waschen und oben einen Deckel abschneiden.
3. Das Innere der Tomaten mit einem Löffel entfernen und die Tomaten umgedreht abtropfen lassen.
4. Kräuter fein hacken.
5. Schafskäse zerbröseln, mit Öl und Kräutern vermengen, mit Salz und Pfeffer würzen.
6. Die Käse-Kräuter-Mischung in die Fleischtomaten einfüllen, den Deckel aufsetzen.
7. Alufolie mit Öl bestreichen und die gefüllten Tomaten darin einwickeln. Im Backofen bei starker Hitze etwa 10 Minuten grillen.

Spargel - Zucchini – Auflauf

Nährwertangaben: Kalorien: 410 kcal, 41 g Eiweiß, 20 g Fett, 12 g Kohlenhydrate

Zutaten für 2 Portionen:

- 400 g grüner Spargel
- Salz
- 2 kleine Zucchini
- 1 Zwiebel
- 2 (ca. 125 g) Hähnchenfilets
- 2 EL Kokosfett
- Pfeffer
- 100 g (15% Fett) Crème légère
- 1 TL Currypulver
- 15 g Pinienkerne
- 2 Zweige Rosmarin

Zubereitung:

1. Spargel waschen, im unteren Drittel schälen und die Enden abschneiden.
2. Spargel in kochendem Salzwasser etwa sieben Minuten garen.
3. Dann abgießen und abtropfen lassen.
4. Die Zucchini waschen, putzen und quer halbieren. Längs in Stifte schneiden.
5. Zwiebel schälen, halbieren und in Streifen schneiden.
6. Den Backofen auf 200 Grad vorheizen.
7. Hähnchenfilets kalt abspülen und trocken tupfen.
8. Kokosfett in einer Pfanne erhitzen.
9. Die Hähnchenfilets darin unter gelegentlichem Wenden ca. 5 Minuten braten.
10. Mit Salz und Pfeffer würzen und wieder aus der Pfanne nehmen.
11. Zwiebel im Bratfett andünsten. Zucchini beigeben, kurz anbraten und mit Salz, Pfeffer und Currypulver abschmecken und aus der Pfanne nehmen.
12. Bratsatz mit Crème légère lösen und kurz aufkochen, mit Salz und Pfeffer würzen.
13. Gemüse und Spargel in einer Auflaufform verteilen, Fleisch darauflegen.
14. Alles mit der Crème beträufeln und mit Pinienkernen bestreuen. Den Auflauf im Ofen ca. 20 Minuten garen.
15. Den Auflauf aus dem Ofen nehmen, kurz abkühlen lassen und mit Rosmarin bestreuen.

Pilz Erbsen Risotto

Nährwertangaben: Kalorien: 351 kcal, Eiweiß: 16 g, Fett 11 g, Kohlenhydrate: 46 g

Zutaten für 4 Portionen:

- 800 ml Gemüsebrühe
- 1 Zwiebel
- 200 g Hirse
- 2 EL Rapsöl
- 200 g Champignons
- ½ Bund Schnittlauch
- 50 g Parmesan
- 200 g Erbsen, TK
- 200 g Mais, Dose
- Salz
- Pfeffer

Zubereitung:

1. Brühe aufkochen und heiß halten.
2. Zwiebel schälen und fein schneiden, mit der Hirse im heißen Öl dünsten.
3. Immer so viel Brühe zugießen, dass die Hirse bedeckt ist.
4. Champignons putzen und in dünne Scheiben schneiden. Den Schnittlauch fein hacken.
5. Parmesan fein reiben. Sobald die Hirse fast weich ist, aber immer noch etwas Biss hat, die Tiefkühlerbsen und den Mais zugeben.
6. Die Champignons und den geriebenen Parmesan unter die Hirse geben, kurz heiß werden lassen, mit Salz und Pfeffer würzen und mit dem Schnittlauch garnieren.

Fischfilet in Senfsoße

Nährwertangaben: Kalorien: 294 kcal, Eiweiß: 45 g, Fett: 8 g, Kohlenhydrate 5 g

Zutaten für 4 Portionen:

- 4 Fischfilets ohne Haut
- Zitronensaft
- Salz
- Pfeffer
- 100 ml Weißwein
- 100 ml Gemüsebrühe
- 2 Möhren
- 1 Stange Lauch
- 150 g Sellerie
- 1 EL Rapsöl
- 1 EL Senf
- Speisestärke

Zubereitung:

1. Fischfilets mit Zitronensaft beträufeln, mit Salz und Pfeffer würzen.
2. In eine Auflaufform geben und mit Weißwein angießen.
3. Im Backofen bei 180-200 Grad garen.
4. Möhren, Lauch und Sellerie in Streifen schneiden.
5. Alles in Rapsöl andünsten, mit Gemüsebrühe aufgießen und alles bissfest garen.
6. Die Auflaufform aus dem Ofen nehmen und die Filets herausheben.
7. Den Fischsud zum Gemüse geben.

8. 8.Saure Sahne, Senf und Speisestärke gut verrühren, unter das Gemüse rühren.
9. Alles köcheln bis es gebunden ist.
10. Den Fisch auf dem Gemüse anrühren.

Basilikum Reisbällchen mit Tomaten – Lauchgemüse

Nährwertangaben: Kalorien: 488 kcal, Eiweiß: 23 g, Fett: 12 g, Kohlenhydrate: 71 g

Zutaten für 2 Portionen:

- 6 EL Vollkornreis
- 4 EL Magerquark
- 2 EL Semmelbrösel
- 2 EL geriebener Parmesan
- 4 Zweige Basilikum
- 2 TL Olivenöl
- 4 Tomaten
- 4 Stangen Lauch
- 2 Knoblauchzehen
- 2 EL saure Sahne
- Salz

Zubereitung:

1. Reis nach Anweisung garen und abkühlen lassen.
2. Den Quark mit den Semmelbröseln und dem Parmesankäse unter den Reis mischen.
3. Basilikum hacken und mit Salz und Pfeffer unter die Masse geben.
4. Aus dem Teig sechs kleine Bällchen formen und in heißem Olivenöl anbraten.

5. Die Bällchen herausheben und warm stellen.

6. Den Lauch in Ringe und Tomaten grob würfeln.

7. Knoblauch abziehen und fein würfeln.

8. Im heißen Öl die Gemüsemischung anschwitzen, würzen und ca. 5 Minuten köcheln lassen.

9. Saure Sahne verrühren und über das Gemüse geben. Nicht mehr kochen lassen. Zusammen mit den Bällchen servieren.

Gebratenes Rindfleisch asiatisch

Nährwertangaben: Kalorien: 363 kcal, Eiweiß: 36 g, Fett: 17 g, Kohlenhydrate 17 g

Zutaten für 2 Portionen:

- 2 kleine Rindersteaks 200 g
- 1 kleine Knoblauchzehe
- 1 kleines Stück Ingwer
- 2 TL Weizenstärke
- 1 Esslöffel Sojasoße (für das Fleisch)
- 2 kleine Frühlingszwiebeln
- 1 rote Paprikaschote
- 8 kleine Champignons
- 2 Teelöffel Erdnussöl
- 2 EL Sojasoße (für das Gemüse)
- Curry, Paprika, Kurkuma, Cayennepfeffer
- 2 EL Cashewkerne

Zubereitung:

1. Rindfleisch in schmale Streifen schneiden.

2. Knoblauch und den Ingwer schälen und fein würfeln.

3. Die Fleischstreifen mit dem Knoblauch und dem Ingwer in eine Schüssel geben.
4. Die Stärke mit der Sojasoße verrühren und über das Fleisch geben, das Ganze 30 Minuten marinieren.
5. Frühlingszwiebeln und Paprikaschote klein würfeln.
6. Die Champignons vierteln.
7. Die Hälfte des Öls in eine Pfanne geben, die Fleischstreifen darin scharf anbraten und warm stellen.
8. Das restliche Öl in die Pfanne geben und die Gemüsesorten darin anbraten.
9. Das Fleisch dazu geben und mit Sojasoße und den Gewürzen abschmecken.
10. Die Cashewkerne über das Gericht streuen.

Pfifferling - Ragout mit gebratener Polenta

Nährwertangaben: Kalorien: 281kcal, Eiweiß: 11 g, Kohlenhydrate: 45 g, Fett 7 g

Zutaten für 4 Portionen:

- 200g Maisgriess
- Salz
- 500g Pfifferlinge
- 4 Tomaten

Zubereitung:

1. Den Mais glattstreichen und zum Abkühlen zur Seite stellen.
2. Pfifferlinge putzen.
3. Tomaten mit heißem Wasser übergießen, kalt abschrecken und enthäuten.
4. Tomaten fein würfeln.

5. Schalotten und Knoblauch schälen und fein würfeln.
6. 1 EL Öl in einer Pfanne erhitzen, Schalotten und Knoblauch glasig andünsten und mit Mehl bestäuben.
7. Kurz anbräunen, dann Pfifferlinge und Tomaten hinzugeben und garen.
8. Mit Salz, Pfeffer und Kräutern abschmecken.
9. Maisgrieß rund ausstechen oder mit einem Messer in Quadrate teilten.
10. Das restliche Öl erhitzen, die Grießschnitten von beiden Seiten anbraten und mit dem Pfifferling-Ragout garnieren.

Nudeltopf

Nährwertangaben: Kalorien: 435kcal, Eiweiß: 16g, Fett: 6g, Kohlenhydrate: 78g

Zutaten für 4 Portionen:

- 500 g Tomaten
- 1 Aubergine
- 200 g Zwiebel
- 1 Knoblauchzehe
- 1 El Olivenöl
- 2 Lorbeerblätter
- 1 TL getrockneter Oregano
- 1 EL Ajvar
- 2 EL Zitronensaft
- 200 ml Gemüsebrühe
- Salz
- Pfeffer
- Rosenpaprika
- 400 g Spiralnudeln

Zubereitung:

1. Tomaten mit heißem Wasser übergießen, kalt abschrecken und enthäuten.
2. Tomaten und Aubergine in kleine Würfel schneiden.
3. Zwiebeln und Knoblauch schälen, fein hacken und in heißem Öl andünsten, Lorbeerblätter, Oregano, Ajvar und Zitronensaft zugeben, kurz erhitzen und mit der Brühe ablöschen.
4. Die Gemüsewürfel zugeben und bei geringer Hitze 10 Minuten ziehen lassen.
5. Mit Salz, Pfeffer und Paprikapulver würzen. Vor dem Servieren die Lorbeerblätter entfernen.
6. Die Nudeln kochen und mit dem Tomatentopf servieren.

Kartoffelpfanne mit Gurken und Paprika

Nährwertangaben: Kalorien: 214kcal, Eiweiß: 6g, Fett: 3g, Kohlenhydrate: 39g

Zutaten für 4 Portionen:

- 800 g festkochende Kartoffel
- 1 Gemüsezwiebel
- 2 große Paprikaschoten
- 1 EL Rapsöl
- 2 Äpfel
- 200 g Gewürzgurken
- Salz
- Pfeffer
- 1 TL getrockneter Majoran

Zubereitung:

1. Kartoffeln ca. 25 Minuten in wenig Wasser garen.
2. Kartoffeln schälen und abkühlen lassen.
3. Zwiebel schälen und hacken. Paprikaschoten fein würfeln.
4. Mit den Zwiebeln in heißem Öl dünsten.
5. Äpfel waschen und grob würfeln.
6. Mit in die Pfanne geben und bei geringer Hitze 3 Minuten mitdünsten.
7. Die Kartoffeln in grobe Würfel, die Gurken in kleine Würfel schneiden und in die Pfanne geben.
8. Mit Salz, Pfeffer und Majoran würzen.

Lachsfilet mit grünem Spargel

Nährwertangaben: Kalorien: ca. 410 kcal, 30 g Eiweiß, 30 g Fett, 6 g Kohlenhydrate

Zutaten für 2 Portionen:

- 250 g Lachsfilet
- 2 EL Olivenöl
- 2 EL Zitronensaft
- 2 Zitronenspalten
- 500 g grüner Spargel
- Dill, Salz
- Pfeffer aus der Mühle
- 1 Prise Muskat
- 1 EL weißer Balsamico-Essig
- 1 Prise Zucker
- 1 TL Olivenöl

- gehacktes Basilikum

Zubereitung:

1. Spargel in reichlich Wasser mit 1 Prise Salz und Muskat ca. 10 Minuten kochen, danach abtropfen lassen.
2. Das Filet waschen, trocken tupfen, leicht salzen und pfeffern, in einer Pfanne mit 2 EL Öl von beiden Seiten anbraten.
3. Mit Zitronensaft beträufeln. Mit dem Spargel anrichten.
4. Lachs mit Dill und Zitronenspalten garnieren.
5. Für das Spargeldressing Essig, Zucker, Salz, Pfeffer, restliches Öl und Basilikum verrühren. Dressing über den Spargel träufeln.

Kohlrabi aus dem Ofen

Nährwertangaben: Kalorien: 195, Eiweiß: 17 g, Fett 4 g, Kohlenhydrate: 22 g

Zutaten für 4 Portionen:

- 250 g Kartoffeln
- 4 mittelgroße Kohlrabi
- 800 ml Gemüsebrühe
- 2 Bund Schnittlauch
- 2 Eier
- 2 EL Zitronensaft
- 200 g Frischkäse (0,2% Fett)
- Salz
- Pfeffer
- Currypulver

Zubereitung:

1. Kartoffeln und Kohlrabi schälen.
2. Die Kohlrabi längs halbieren, mit den Kartoffeln in der Gemüsebrühe 30
3. Minuten bei mittlerer Hitze garkochen, aus der Brühe nehmen, abtropfen lassen.
4. Schnittlauch waschen, trocken schwenken und in feine Röllchen schneiden.
5. Backofen auf 200 Grad vorheizen.
6. Gegarte Kartoffeln klein würfeln. Abgekühlte Kohlrabi mit einem spitzen Teelöffel sorgfältig aushöhlen, so dass nur ein schmaler Rand stehen bleibt.
7. Das Kohlrabi-Innere klein schneiden, mit Kartoffelwürfeln, Eiern, Zitronensaft, der Hälfte des Frischkäses und des Schnittlauchs vermischen, etwas von der zurück-gestellten Brühe zugeben und mit Salz und Pfeffer würzen.
8. In den ausgehöhlten Kohlrabihälften aufschichten und im vorgeheizten Ofen auf der mittleren Schiene 15 Minuten überbacken.
9. Den restlichen Frischkäse und Schnittlauch mit etwas Kohlrabibrühe zu einem Dip verrühren. Mit Salz, Pfeffer und Currypulver würzen.

Kartoffel Lauch Gratin

Nährwertangaben: Kalorien: ca. 330 kcal, 22 g Eiweiß, 15 g Fett, 23 g Kohlenhydrate

Zutaten für 2 Portionen:

- 400 g Lauch
- 1 kleine Zwiebel
- 250 ml Gemüsebrühe

- 1 EL Rapsöl
- 1 Lorbeerblatt
- Muskat
- Salz
- Pfeffer
- 50 g geriebener Parmesan
- 200 g vorwiegend festkochende Kartoffeln
- 100 g Frischkäse 20% Fett i.Tr.

Zubereitung:

1. Backofen auf 180 Grad vorheizen.
2. Lauch putzen, längs einschneiden und gründlich waschen. Die Stangen in kleine Stückchen schneiden.
3. Zwiebel schälen und fein hacken, mit dem Lauch in Öl andünsten, mit der kochenden Brühe ablöschen. Lorbeerblatt hinzugeben.
4. Lauch zugedeckt ca. 10 Minuten bei milder Hitze garen. Mit Salz, Pfeffer und Muskat würzen.
5. Kartoffeln schälen, klein würfeln und mit Frischkäse unter den Lauch mischen.
6. Alles in einer Auflaufform schichten.
7. Mit Parmesan bestreuen. Im Backofen ca. 20 Minuten überbacken.

Thaiforelle

Nährwertangaben: Kalorien: ca. 325 kcal, 41 g Eiweiß, 15 g Fett, 5 g Kohlenhydrate

Zutaten für 2 Portionen:

- 2 kleine küchenfertige Forellen (je ca. 200 g)

- 2 EL Öl
- 2 Möhren
- 1 Stück frische Ingwerknolle
- 2 Knoblauchzehen
- 1 Selleriestange
- 2 Frühlingszwiebeln
- 1 Limette
- evtl. 1 Prise Chilipulver
- 1 EL Gemüsebrühe
- 2 EL Sojasoße

Zubereitung:

1. Forellen waschen, abtropfen lassen, innen und außen leicht salzen.
2. Möhren, Ingwer und Knoblauch schälen. Sellerie und Zwiebeln putzen. Das Gemüse in dünne Stifte schneiden. Ingwer und Knoblauch fein hacken.
3. Backofen auf 200 Grad vorheizen. 2 große Stücke Backpapier mit 1 EL Öl einpinseln.
4. Limette auspressen. Restliches Öl im Topf erhitzen, evtl. Chili darin anrösten, dann Brühe, Limettensaft und Sojasoße dazugießen und verrühren.
5. Jede Forelle auf ein Stück Backpapier legen. Sauce und Gemüse in und auf den Fisch geben. Das Papier fest verschließen und oben einstechen.
6. Den Fisch auf einem Blech auf mittlerer Schiene ca. 30 Minuten garen. Das Papier vorsichtig öffnen, den Fisch servieren.

Kartoffelpuffer

Nährwertangaben: Kalorien: 331kcal, Eiweiß: 16g, Fett: 9g, Kohlenhydrate: 44g

Zutaten für 16 Portionen:

- 400g mehlig kochende Kartoffeln
- 400 g Süßkartoffeln
- 1 Lauchstange (200g)
- Salz und Pfeffer
- 2 EL Paniermehl
- 2 Eier
- 1 TL Thymian, gerebbelt
- 200 g Frischkäse (0,2 Fett)
- 1 Knoblauchzehe
- 1 Bund Rucola (ca. 100g)
- 3 EL Zitronensaft
- 3 EL Olivenöl
- 4 EL flüssige Brühe

Zubereitung:

1. Kartoffeln und Süßkartoffeln in wenig Wasser 20 Minuten kochen.
2. Backofen auf 180 Grad vorheizen.
3. Lauch in dünne Scheiben schneiden und 10 Minuten in Salzwasser dünsten.
4. Die gekochten Kartoffeln schälen, grob reiben, leicht ausdrücken, mit Lauch, Paniermehl, Eiern und Thymian vermengen.
5. Mit Salz, Pfeffer und Muskat würzen.
6. Aus dieser Masse ca. 16 Plätzchen formen und auf ein mit Backpapier ausgelegtes Backblech legen.

Gegrillte Garnelenspieße mit scharfem Dip

Nährwertangaben: Kalorien: 350 kcal, Eiweiß: 22 g, Fett 5 g, Kohlenhydrate: 8 g

Zutaten für 2 Portionen:

- 1 Zweig Rosmarin
- 3 Zweige Thymian
- 1 kleine Knoblauchzehe
- ½ TL abgeriebene (Bio-) Zitronenschale
- 4 EL Olivenöl
- Pfeffer und Salz
- 8 rohe geschälte (frisch oder tiefgekühlt; ca. 200 g) Garnelen
- 2 kleine (ca. 200 g) Zucchini
- 12 bunte (ca. 150 g) Cocktailtomaten
- 2 EL (15 % Fett) Crème légère
- 2 EL (1,5 % Fett) Naturjoghurt
- 2 TL Chilisauce
- 2 EL Zitronensaft

Zubereitung:

1. Holzspieße in kaltem Wasser etwa 20 Minuten einweichen.
2. Für die Marinade Rosmarin und Thymian fein hacken.
3. Den Knoblauch schälen und in feine Würfel schneiden.
4. Kräuter, Knoblauch und Zitronenschale mit dem Öl verrühren und mit Pfeffer würzen.
5. Die Garnelen waschen und trocken tupfen.
6. Die Zucchini putzen, waschen, längs halbieren und in 12 etwa 1 ½ cm breite Scheiben schneiden.

7. Garnelen, Zucchini und Tomaten abwechselnd auf die Holzspieße stecken.
8. Die Spieße auf jeder Seite mit der Marinade bestreichen und in eine Auflaufform legen.
9. Die restliche Marinade darüber träufeln und die Spieße abgedeckt im Kühlschrank ca. 1 Stunde marinieren.
10. Den Backofengrill vorheizen.
11. Inzwischen für den Dip Crème légère mit Joghurt, Chilisoße, Zitronensaft, Salz und Pfeffer glatt rühren und kühl stellen.
12. Die Spieße unter dem Grill 8-10 Minuten grillen, dabei nach der Hälfte der Grillzeit wenden und mit der übrigen Marinade bestreichen.
13. Mit Salz würzen und mit dem Dip anrichten.

Kürbis mit Ziegenkäse

Nährwertangaben: Kalorien 420kcal, Eiweiß: 28g, Fett: 23g, Kohlenhydrate: 32g

Zutaten für 4 Portionen:

- 1 kg Hokkaido -Kürbis
- 300g Spinat
- 1 Zwiebel
- 1 Knoblauchzehe
- 20 g Trockentomaten
- 1 EL Olivenöl
- 300 g Ziegenfrischkäse
- 1 Bund Petersilie
- 4 Eier
- 5 EL Paniermehl
- Muskat
- Salz und Pfeffer

- 50 ml Gemüsebrühe
- ½ TL Currypulver

Zubereitung:

1. Kürbis waschen, längs halbieren und großzügig entkernen.
2. Damit die Hälften stehen können, eine dünne Scheibe von der runden Seite abschneiden.
3. Den Spinat grob hacken.
4. Zwiebel und Knoblauch schälen, fein hacken und im heißen Öl glasig dünsten.
5. Spinat zugeben und bei mittlerer Hitze kochen. Trockentomaten fein hacken und mit garen.
6. Den Backofen auf 200 Grad vorheizen.
7. Petersilie waschen, Blätter fein hacken, die Hälfte der Petersilie mit zwei Drittel des Ziegenfrischkäses zum gegarten Gemüse geben.
8. Eier und Paniermehl unter die Gemüsemasse rühren, bis die Masse gut zusammenhält. Mit Muskat, Salz und Pfeffer würzen.
9. Masse auf die beiden Kürbishälften verteilen, auf eine Auflaufform stellen und im vorgeheizten Ofen auf der zweituntersten Schiene 45 Minuten garen.
10. Den restlichen Ziegenfrischkäse mit etwas Brühe und der restlichen gehackten Petersilie, Currypulver, Salz und Pfeffer verrühren.
11. Gegarte Kürbishälften halbieren und als Viertel mit dem Petersilien-Curry-Dip anrichten.

Gemüsepfanne mit Lachs

Nährwertangaben: Kalorien: 601 kcal, Eiweiß: 36 g, Fett: 23 g, Kohlenhydrate: 59 g

Zutaten für 2 Portionen:

- 2 Karotten
- 1 Zucchini
- 1 Kohlrabi
- 2 Frühlingszwiebeln
- 2 TL Sojaöl
- 2 Portionen Lachs
- Jodsalz
- Pfeffer
- 2 TL Zitronensaft
- 2 EL Wasser

Zubereitung:

1. Gemüse in feine Streifen schneiden.
2. Öl erhitzen, das klein geschnittene Gemüse kurz andünsten.
3. Den Lachs darauf legen und kurz anbraten.
4. Mit den Gewürzen abschmecken und mit der Mischung aus Zitronensaft, Wasser, Wein und Kondensmilch aufgießen.
5. Abgedeckt 5 Minuten garen.

Hähnchenragout mit grünem Spargel

Nährwertangaben: Kalorien: 361kcal, Kohlenhydrate 15 g, Fett: 13 g, Eiweiß: 40 g

Zutaten für 4 Portionen:

- 750 g grüner Spargel
- 500 g Champignons
- 3 Möhren
- 1 Zwiebel
- 500 g Hähnchenbrustfilet
- 2 EL Rapsöl
- Salz und Pfeffer
- 2EL Weizenmehl
- 1/8 l Weißwein
- 400 ml Gemüsebrühe
- Muskat
- 200 g Crème légère mit Kräutern

Zubereitung:

1. Spargel waschen, putzen und holzige Enden abschneiden.
2. Pilze putzen und halbieren, Möhren schälen und in gleichmäßige Scheiben schneiden, Zwiebel schälen und fein würfeln.
3. Fleisch abtupfen und in kleine Stücke schneiden. Öl in einer Pfanne erhitzen, darin das Fleisch kurz von allen Seiten kräftig anbraten.
4. Mit Salz und Pfeffer würzen, aus der Pfanne nehmen und zur Seite stellen. Zwiebeln und Möhren im Fett anbraten,

Pilze und Spargel hinzugeben und ebenfalls kurz anschwitzen.

5. 2 EL Mehl über das Gemüse geben und anschwitzen, mit Wein und Brühe ablöschen, aufkochen und 5 Minuten köcheln lassen.

6. Das Fleisch wieder in die Pfanne geben, alles mit Salz, Pfeffer und Muskat abschmecken. Pfanne mit einem Deckel schließen und das Ragout ca. 20 Minuten bei mittlerer Hitze leicht köcheln lassen.

7. Wenn der Spargel nach Wunsch gegart ist, Crème légère einrühren und erwärmen.

Brokkoli Reis Gratin

Nährwertangaben: Kalorien: 320 kcal, Eiweiß: 18 g, Fett: 15 g , Kohlenhydrate: 26 g

Zutaten für 2 Portionen:

- 125 g (10-Minuten-) Naturreis
- Salz
- 300 g Brokkoliröschen
- 200 g passierte (aus der Dose) Tomaten
- Salz und Pfeffer
- 1 TL getrocknete italienische Kräuter
- 1 TL (Sorte edelsüß) Paprikapulver
- 100 g Cocktailtomaten
- 125 g (8,5 % Fett) kleine Mozzarella-Kugeln
- 2 EL Pinienkerne
- einige Blätter Basilikum

Zubereitung:

1. Den Reis in reichlich Salzwasser nach Anweisung garen.
2. Die Brokkoliröschen in kleine Stücke teilen.
3. Brokkoli etwa 5 Minuten vor Ende der Garzeit zum Reis in den Topf geben.
4. Alles erneut aufkochen und den Brokkoli mit garen.
5. Backofen auf 220 Grad vorheizen. Eine Auflaufform (ca. 20 x 30 cm) mit Öl einfetten.
6. Reis und Brokkoli in ein Sieb abgießen und abtropfen lassen.
7. Die passierten Tomaten mit Salz, Pfeffer, italienischen Kräutern und Paprikapulver würzen. Mit dem Brokkoli-Reis-Mix mischen und in der Auflaufform verteilen.
8. Die Cocktailtomaten waschen und Mozzarella halbieren.
9. Tomaten und Mozzarella mischen, auf dem Brokkoli-Reis-Mix verteilen und alles mit den Pinienkernen bestreuen.
10. Das Gratin im Ofen auf der mittleren Schiene ca. 10 Minuten überbacken. Mit den Basilikumblättern bestreuen.

Kartoffelpüree mit Zwiebeln und Äpfeln

Nährwertangaben: Kalorien 318 kcal, 51,1 g Kohlenhydrate, 6 g Fett, 7 g Eiweiß

Zutaten für 4 Portionen:

- 800 g mehlig kochende Kartoffeln
- ½ TL Salz
- 4 kleine Zwiebeln
- 20 g Butter
- 500 g aromatische Äpfel
- 300 ml Milch, 1,5 % Fett

- Muskat

Zubereitung:

1. Kartoffeln schälen, in gleichmäßige Stücke schneiden, im Salzwasser kochen.
2. Zwiebeln schälen und in feine Ringe schneiden.
3. Butter in einer Pfanne erhitzen und die Zwiebeln darin braun anbraten. Leicht salzen, herausnehmen und warmhalten.
4. Äpfel in gleichmäßige Scheiben schneiden, das Kerngehäuse entfernen und die Scheiben in der Zwiebelbutter von beiden Seiten kurz anbraten.
5. In einem Topf die Milch erwärmen, die gekochten Kartoffeln grob stampfen und die Milch unterheben.
6. Das Püree mit Salz und Muskat würzen.
7. Kartoffelpüree zusammen mit den gebräunten Zwiebeln und den Apfelscheiben verzehren.

Linsen Moussaka

Nährwertangaben: Kalorien: 413 kcal, 28,3 g Eiweiß, 14 g Fett, 35 g Kohlenhydrate

Zutaten für 4 Portionen:

- 1 große Zwiebel
- 2 Knoblauchzehen
- 1 grüne Paprika
- 1 EL Olivenöl
- 175 g rote Linsen
- 150 ml Rotwein

- 400 g gehackte (aus der Dose) Tomaten
- Salz und Pfeffer
- 1 EL frischer, gehackter Oregano
- 2 große Auberginen
- 200 ml (15% Fett) Kochsahne
- 1 Ei
- 200 g fettarmer Frischkäse
- 50 g (bis 30% Fett) Parmesan
- <u>Muskat</u>

Zubereitung:

1. Den Backofen auf 220 °C vorheizen.
2. Die Zwiebel schälen und hacken.
3. Den Knoblauch und die Paprika fein würfeln.
4. In einem Topf 1 EL Öl erhitzen. Zwiebeln, Knoblauch und Paprika darin braten.
5. Linsen, Rotwein und Tomaten dazugeben.
6. Das Ganze zum Kochen bringen.
7. Mit Salz, Pfeffer und Oregano würzen.
8. Ca. 30 Minuten köcheln lassen, bis die Linsen weich sind.
9. Die Auberginen der Länge nach in 1 Zentimeter dicke Scheiben schneiden.
10. Die Scheiben auf ein mit Backpapier belegtes Blech legen, sehr dünn mit Öl bepinseln und für ca. 20 Minuten im Ofen rösten.
11. Die gerösteten Auberginen herausnehmen, beiseite stellen und den Backofen auf 200 Grad herunterschalten.
12. In einer hohen Schüssel Sahne, Ei und Frischkäse verquirlen. Mit Salz, Pfeffer und Muskat würzen.

13. In eine Auflaufform abwechselnd Linsensoße und Auberginenscheiben schichten. Mit einer Lage Auberginen abschließen.
14. Die Frischkäsesoße darüber gießen.
15. Etwa 30 Minuten im Ofen backen.
16. Den Parmesankäse reiben. Die fertig gebackene Moussaka mit dem frischen Parmesan garnieren.

Dinkelnudeln mit Tomatensoße

Nährwertangaben: Kalorien: 469 kcal, Fett: 6g, Kohlenhydrate: 83 g, Eiweiß: 19 g

Zutaten für 4 Portionen:

- 1 Knoblauchzehe
- 1 kleine Zwiebel
- 1 EL Olivenöl
- 2 Dosen (600 g) stückige Tomaten
- 500 g Dinkelnudeln
- 1 Prise Zucker
- Salz und Pfeffer
- nach Belieben Basilikum

Zubereitung:

1. Knoblauch und Zwiebel fein hacken, in einem Topf mit Olivenöl andünsten.
2. Die Dosentomaten hinzufügen und ca. 15 Minuten köcheln lassen.
3. Die Dinkelnudeln in Salzwasser bissfest kochen.
4. Tomatensoße mit Salz, Pfeffer und 1 Prise Zucker würzen.

Kartoffelsalat

Nährwertangaben: Kalorien: 290 kcal, Eiweiß: 13 g, Fett: 12 g, Kohlenhydrate: 29 g

Zutaten für 2 Portionen:

- 4 mittelgroße Kartoffeln
- 4 EL Gemüsebrühe
- 1 kleine Zwiebel
- ½ Salatgurke
- ½ rote Paprikaschote
- ½ gelbe Paprikaschote
- 1 EL Rapsöl
- 1 EL Weißweinessig
- 2 Scheiben gekochter Schinken
- Petersilie, Schnittlauch, weißer Pfeffer, fluoridiertes Jodsalz

Zubereitung:

1. Die Kartoffeln waschen und als Pellkartoffeln garen.
2. Die Kartoffeln pellen, in Scheiben schneiden und abkühlen lassen.
3. Die abgekühlten Kartoffelscheiben mit heißer Gemüsebrühe übergießen. Zwiebel schälen und in Scheiben schneiden.
4. Die Salatgurke und die Paprikaschoten in Würfel schneiden.
5. Dressing aus Öl, Essig, Kräutern und Gewürzen herstellen und über die Kartoffeln geben.
6. Das Gemüse dazu geben und unterheben.
7. Den Schinken würfeln und darüber streuen.

Erbsensuppe

Nährwertangaben: Kalorien: ca. 325 kcal, 41 g Eiweiß, 15 g Fett, 5 g Kohlenhydrate

Zutaten für 2 Portionen:

- 300 g Tiefkühl-Erbsen
- 1 kleine Kartoffel
- 1 EL Rapsöl
- 1 kl. fein gehackte Zwiebel
- 200 ml Gemüsebrühe
- 150 ml fettarme Milch
- Salz
- 1 Zweig Minze

Zubereitung:

1. Das Öl in einem Topf erhitzen., Zwiebel darin andünsten. Und mit der Brühe ablöschen.
2. Kartoffeln und Erbsen zufügen., mit der Milch aufgießen.
3. Einige Minzeblättchen abzupfen, klein schneiden, mit in die Suppe geben.
4. Alles einmal aufkochen, dann zugedeckt bei milder Hitze etwa 10 Minuten köcheln lassen.
5. Eine Schöpfkelle Erbsen aus dem Topf nehmen und als Suppeneinlage beiseite legen.
6. Die restliche Suppe mit dem Passierstab pürieren. Die Erbsen wieder in die Suppe geben, kurz erhitzen.

Hülsenfruchteintopf

Nährwertangaben: Kalorien: 355 kcal, Eiweiß: 24 g, Fett: 11 g, Kohlenhydrate: 39 g

Zutaten für 2 Portionen:

- 150 g getrocknete Linse
- 2 kleine Zwiebel
- 2 kleine Lauchstangen - ½ kleine Sellerieknolle
- 2 mittlere Möhren
- ½ Petersilienwurzel
- 2 TL Rapsöl
- 4 Scheiben magerer, roher Schinken
- 2 EL Tomatenmark
- 4 Tassen Gemüsebrühe
- 2 mittelgroße Kartoffeln
- 2 TL Dijonsenf
- 4 Zweige Petersilie
- ½ Bund Kerbel
- Salz und Pfeffer

Zubereitung:

1. Die Linsen einweichen.
2. Zwiebeln, den Lauch, den Sellerie, die Möhre, die Petersilienwurzel in große Stücke schneiden.
3. Gemüsestücke in heißem Olivenöl kräftig anbraten, Tomatenmark und klein gewürfelten Schinken dazugeben, kurz mit braten und mit Gemüsebrühe aufgießen.
4. Kartoffeln fein würfeln, zusammen mit den Linsen in den Topf geben und 30 bis 40 Minuten abgedeckt köcheln lassen.

5. Die Kräuter waschen, putzen, von den Stängeln zupfen und fein wiegen. Kräuter und Senf mit den Gewürzen zum Eintopf geben und einmal kurz aufkochen lassen.

Ratatouille

Nährwertangaben: Kalorien: 230 kcal, Eiweiß 9 g, Fett 8 g, Kohlenhydrate: 24 g

Zutaten für 4 Portionen:

- 1 große Aubergine
- Salz und Pfeffer
- 1 große Gemüsezwiebel
- 4 Knoblauchzehen
- 2 große Zucchini
- 2 große rote Paprikaschoten
- 2 große gelbe Paprikaschoten
- 1 große Dose geschälte Tomaten
- 2 EL Olivenöl
- ½ Tube Tomatenmark
- 3 TL (z.B. Rosmarin, Thymian oder Salbei) Kräuter
- 1 TL Zucker

Zubereitung:

1. Aubergine in Stücke schneiden.
2. Auberginenstücke mit Salz würzen und mindestens 10 Minuten ziehen lassen, dann gründlich trocken tupfen.
3. Die Zwiebel, den Knoblauch, die Zucchini und die Paprika fein würfeln.

4. Das Öl in einem Topf erhitzen und Zwiebel, Knoblauch und Zucchini darin anbraten, die Paprika und zuletzt die Aubergine hinzufügen.
5. Alles etwa 5 Minuten kräftig anbraten.
6. Tomatenmark dazugeben und unterrühren, mit Salz und Pfeffer würzen.
7. Die geschälten Tomaten mit Kräutern und Zucker hinzufügen.
8. Das Ratatouille bei mittlerer Hitze ca. 20 Minuten köcheln lassen. Das Gemüse sollte am Ende der Garzeit bissfest sein.

Desserts/ Snacks

Herzhafte Waffel-Bites

Nährwertangaben: Kalorien: 31 kcal, 3,5 g Kohlenhydrate, 1 g Fett, 1,8 g Eiweiß

Zutaten für 20 Portionen:

- 40 g Hartkäse, Halbfettstufe
- 40 g Putenbrust-Aufschnitt
- 1 Stück Zwiebel
- 1 Stück Apfel
- 90 g Weizenmehl Type 405
- 1 geh. TL Backpulver
- 1 EL gehackte Petersilie
- 80 g Buttermilch
- ½ EL Rapsöl

- 1 Ei
- Salz und Pfeffer

Zubereitung:

1. Käse, Putenbrust, Zwiebel und Apfel in kleine Würfel schneiden.
2. Mit Mehl, Backpulver und Petersilie in einer Schüssel verrühren.
3. Buttermilch, Öl und Ei in einer separaten Schüssel aufschlagen und anschließend mit den trockenen Zutaten mischen.
4. Mit Salz und Pfeffer würzen.
5. Den Teig 10 bis 15 Minuten ruhen lassen. Dann portionsweise in einem Waffeleisen backen.

Avocado Schoko Dessert

Nährwertangaben: Kalorien: 170 kcal, 5 g Eiweiß, 9 g Fett, 13 g Kohlenhydrate

Zutaten für 2 Portionen:

- 1 kleine Orange
- 1 reife Avocado
- 1 Vanilleschote
- 2 EL entfettetes Kakaopulver
- Salz
- 1 EL Vollrohrzucker
- 1 EL Mandelblättchen

Zubereitung:

1. Orange so großzügig schälen, dass auch die weiße Haut mit entfernt wird.
2. Orangenfilets auslösen und dabei den Saft auffangen.
3. Avocado halbieren und den Kern entfernen, die Avocadohälften schälen und das Fruchtfleisch grob zerkleinern.
4. Die Vanilleschote längs aufschneiden und das Mark mit einem spitzen Messer herauskratzen.
5. Die Avocado mit Vanillemark, Kakao, einer Prise Salz, Zucker und dem aufgefangenen Orangensaft in einem Rührbecher fein pürieren.
6. Die Avocadocreme in Gläser oder Schalen füllen. Mit den Orangenfilets belegen und 12 Stunden kühl stellen.
7. Zum Servieren die Mandelblättchen in einer beschichteten Pfanne ohne Fett leicht rösten. Herausnehmen, etwas abkühlen lassen und auf die Avocadocreme streuen.

Schoko Kokos Pudding

Nährwertangaben: Kalorien: 331 kcal, 3 g Eiweiß, 11 g Fett, 54 g Kohlenhydrate

Zutaten für 2 Portionen:

- 150 g Seidentofu
- 100 g Kokosmilch
- 25 g schwach entöltes Kakaopulver
- 1 TL Instant-Kaffeepulver
- ¼ TL Vanille-Pulver
- 2 TL (10 g) Zucker

Zubereitung:

1. Seidentofu und die Kokosmilch in einem Rührbecher
   geben und mit dem Stabmixer fein pürieren.
2. Dann Kakao, Kaffee, Vanille und Zucker dazugeben und
   weiter pürieren, bis alles gründlich vermischt ist.
3. Den Pudding in kleine Schüsseln oder Gläser füllen und
   mindestens eine halbe Stunde in den Kühlschrank
   stellen.

Beeren Tarte

Nährwertangaben: Kalorien: 326 kcal, 9 g Eiweiß, 22 g Fett, 19 g Kohlenhydrate

Zutaten für den Boden (8 Portionen):

- 10 Medjool – Datteln
- 175 g Mandeln
- 50 g Haselnüsse
- 50 g Sonnenblumenkerne
- 3 EL Kokosfett
- ¼ TL Meersalz

Zubereitung:

1. Datteln entsteinen, grob hacken und für etwa 30
   Minuten in etwas Wasser einweichen.
2. Mandeln, Haselnüsse und Sonnenblumenkerne in einer
   Pfanne ohne Öl langsam anrösten. Abkühlen lassen.
3. Die abgekühlte Nuss-Kern-Mischung im Mixer
   zermahlen.
4. Die Dattelstücke in ein Sieb gießen und abtropfen lassen,
   dabei das Einweichwasser auffangen.

5. Portionsweise mit dem Kokosöl und dem Salz in den Mixer geben und zu einem klebrigen Rührteig verarbeiten.

6. Den Teig in eine gefettete Springform (26 cm Durchmesser) füllen und glatt drücken, dabei einen 2 cm hohen Rand formen. In den Kühlschrank stellen.

Zutaten für den Belag:

- 300 g (frisch oder TK) Brombeeren
- 300 g (frisch oder TK) Heidelbeeren
- 4 Stiele Basilikum
- 2 EL Ahornsirup
- 1 TL Limettensaft
- 150 ml Kokosmilch
- 1 EL Kartoffelmehl
- 1 TL Agar - Agar
- zum Garnieren: 175 g gemischte Beeren

Zubereitung:

1. Basilikum und Beeren pürieren.

2. Einen mittelgroßen Topf bereit stellen, ein feines Sieb darüberlegen und das Beerenpüree hindurch passieren, um die Kerne zu entfernen.

3. Kokosmilch, Ahornsirup und Limettensaft zum Beerenpüree geben, umrühren und abschmecken.

4. Zum Binden Kartoffelmehl und Agar-Agar mit dem Schneebesen einrühren.

5. Den Topf auf den Herd setzen und das Beerenpüree unter ständigem Rühren kurz aufkochen lassen.

6. Die Beerenmischung in eine Schüssel umfüllen und abkühlen lassen, dabei hin und wieder umrühren.
7. Sobald die Mischung lauwarm ist, den Kuchenboden aus dem Kühlschrank holen und das Beerengelee darauf verteilen.
8. Die Tarte danach nochmals mindestens 4 Stunden im Kühlschrank ruhen lassen.

Brownies

Nährwertangaben: Kalorien: 439 kcal, 11 g Eiweiß, 29 g Fett, 29 g Kohlenhydrate

Zutaten für 8 Portionen:

- 15 (ca. 300 g) Medjool – Datteln
- 150 g ganze, ungeschälte Mandeln
- 180 g Walnüsse oder Haselnüsse
- 100 g Kakao
- ½ TL Meersalz

Zubereitung:

1. Datteln entsteinen, grob hacken und für etwa 30 Minuten in etwas Wasser einweichen.
2. Währenddessen die Mandeln grob hacken und beiseite stellen.
3. Die Nüsse im Mixer auf höchster Stufe mahlen. Sie sollen die Konsistenz von Mehl haben. Kakao und Salz hinzufügen und nochmals umrühren.
4. Die Dattelstücke in ein Sieb gießen und abtropfen lassen, dabei das Einweichwasser auffangen.

5. Die Dattelstücke portionsweise in den Mixer zur Nuss-Kakaomischung geben und alles zu einem gleichmäßigen Teig verarbeiten. Die Teigmasse soll leicht zusammenkleben. Die grob gehackten Mandeln unterkneten.
6. Den Teig in eine flache Schüssel geben und gleichmäßig platt drücken. Mindestens 24 Stunden locker (nicht luftdicht) abgedeckt in den Kühlschrank stellen.
7. Danach die Brownie-Platte in Stücke schneiden

Stollen

Zutaten für 10 Portionen:

- 1/2 Würfel frische Hefe
- 1 TL Traubenzucker
- 50 ml Trinkmilch
- 50 g Weizenmehl
- Salz
- 50 ml Trinkmilch
- 50 g Traubenzucker
- 1 Ei
- 2 EL Pflanzenöl
- 250 g Weizenmehl
- 100 g Cashewkerne
- Wasser, kochend
- 2 EL Pflanzenöl
- 120 g Mandeln, gemahlen
- 30 g Traubenzucker
- 1 Tonkabohne, fein gerieben

Zubereitung:

1. Hefe mit Traubenzucker, Mehl und Milch in einer Rührschüssel verrühren und gehen lassen, bis der Teig Blasen wirft.
2. Salz, Milch, Traubenzucker, Ei, Öl und Mehl zugeben und zu einem glatten Teig verkneten.
3. Den Teig mit einem feuchten Tuch abdecken und am einem warmen Ort mindestens 30 Minuten gehen lassen.
4. Cashewkerne mit dem heißen Wasser übergießen und einweichen.
5. Öl, Mandeln, Traubenzucker und geriebene Tonkabohne zu einem Teig vermischen.
6. Die Cashewkerne abgießen und fein pürieren, dann zur Mandelmasse geben und gut miteinander verrühren.
7. Den Hefeteig mit etwas Mehl kurz durchkneten, auf einer bemehlten Arbeitsfläche ausrollen und die Mandelmasse auf das untere Drittel des Teiges geben.
8. Die Ober- und Unterseite des Teiges von außen in die Mitte klappen und die oberste Schicht mit dem Nudelholz leicht andrücken.
9. Den Teig ruhen lassen. Den Backofen auf 160° Grad (Umluft) vorheizen und dann den Stollen auf der mittleren Schiene für ca. 30 Minuten backen.
10. Nach dem Backen nochmals mit Traubenzucker bestäuben und in gleiche Stücke schneiden.

Kokos-Kugeln

Nährwertangaben: Kalorien: 62 kcal, Kohlenhydrate: 2 g, Eiweiß: 1 g, Fett: 5 g

Zutaten für 30 Kugeln à 13 g:

- 150 g Mandeln, geschält
- 60 g entsteinte Datteln
- 50 g Kokosraspeln – davon 2 EL abnehmen und beiseite stellen
- 5 g Chiasamen – mit 2 EL Wasser verrühren
- 50 ml Kokosöl
- 50 ml Mandeldrink (alternativ Wasser)

Zubereitung:

1. Für die Kokos-Kugeln die Mandeln zusammen mit den Datteln, dem Mandeldrink und dem Kokosöl in einen Standmixer geben und pürieren.
2. Dann aus dem Mixbehälter in eine Schüssel schaben und die Chiasamen sowie die 2 EL Kokosraspeln unterheben. Die restlichen Kokosraspeln auf einen Teller geben.
3. Aus der Mandelmasse walnussgroße Kugeln formen. Diese dann in den Kokosraspeln wälzen, auf einen weiteren Teller legen und für 15 Min. in den Kühlschrank stellen.

Geschichtetes Erdbeer-Mandel-Dessert

Nährwertangaben: Kalorien: 2473kcal, 440g Kohlenhydrate, 68g Eiweiß, 42g Fett

Zutaten für 4 Portionen:

- 600 g Sojajoghurt
- 2 El Holunderblütensirup
- 30 g Amarettini
- 400 g Erdbeeren
- 1 Pck. Vanillezucker

Zubereitung:

1. Sojajoghurt mit Holunderblütensirup verrühren und mit den grob zerstoßenen Amarettini in Gläser schichten.
2. Die Erdbeeren putzen und die Hälfte mit Vanillezucker pürieren. Die übrigen Erdbeeren vierteln und mit der Soße über das Dessert geben.

Aprikosen Tofu Creme

Nährwertangaben: Kalorien: 215 kcal, Eiweiß 12 g, Fett 4 g, Kohlenhydrate: 25 g

Zutaten für 4 Portionen:

- 200 g Tofu
- 100 ml Sojamilch
- 50 g Agavendicksaft
- 1 msp Vanillemark
- 200 g Aprikosen
- Himbeeren zum Garnieren

Zubereitung:

1. 4 Aprikosenhälften als Garnitur beiseite legen.
2. Übrige Aprikosen mit Tofu, Sojamilch, Vanille und Agavendicksaft in ein hohes Gefäß geben und mit dem Pürierstab zu einer cremigen Masse verarbeiten.
3. Diese in 4 Portionsschalen füllen und 2 Stunden kalt stellen.

Aprikosen Cranberrys Muffins

Nährwertangaben: Kalorien: 189 kcal, Eiweiß 5 g, Fett 4 g, Kohlenhydrate 30 g

Zutaten für 12 Portionen:

- 300 g Weizenmehl

- ½ pkt Backpulver
- Salz
- 150 g Zucker
- 1 Ei
- 2 EL Rapsöl
- 350 ml Milch
- 50 g Cranberrys, getrocknet
- 100 g Aprikosen, getrocknet
- 50 g Schokoflakes

Zubereitung:

1. Ofen auf 200 Grad vorheizen
2. Mehl mit Backpulver, Salz und Zucker mischen.
3. Ei in einer anderen Schüssel aufschlagen und schaumig rühren.
4. Öl zufügen und kräftig weiterrühren, dann Milch zugeben und unterrühren.
5. Die Ei-Öl-Milchmischung unter das Mehl heben, bis kein Mehl mehr zu sehen ist.
6. Die Cranberrys – Aprikosenwürfel und Schokoflakes unterheben.
7. Ein Muffinblech mit Papierförmchen auslegen und die Masse auf die Förmchen verteilen.
8. Blech in den Ofen schieben und ca. 25 Minuten backen.

Avocado Cashew Eis

Nährwertangaben: Kalorien: 264, Fett: 15 g, Eiweiß: 6 g, Kohlenhydrate: 28 g

Zutaten für 6 Portionen:

- 30 g Mandeln
- 2 EL Zucker
- 100 g Cashewkerne
- 120 ml Wasser
- 180 g Avocado
- 220 ml Lupinendrink
- 60 g Zucker
- 1 Pck Vanillezucker
- Saft 1 Zitrone
- ½ TL geriebene Zitronenschale
- 1 Prise Salz

Zubereitung:

1. Mandeln in einer Pfanne anrösten.
2. Mit 2 EL Zucker bestreuen und Pfanne von der Platte nehmen.
3. Die Mandeln einem Holzlöffel rühren bis sie gleichmacherisch karamellisiert sind.
4. Dann sofort auf Backpapier legen.
5. Cashewkerne und Wasser im Mixer zu einer cremigen Cashewsahne verarbeiten.
6. Avocado halbieren und das Fruchtfleisch herausnehmen.
7. ½ TL Zitronenschale abreiben
8. Alle Zutaten außer die Mandeln in den Mixer geben und mixen bis eine cremige Masse entstanden ist.
9. Die Eismasse mit der Eismaschine zu Eis verarbeiten.
10. Zum Servieren in Schälchen füllen und mit den karamellisierten Mandeln servieren.

Käse Muffins

Nährwertangaben: Kalorien: 191 kcal, Eiweiß 7 g, Fett 9 g, Kohlenhydrate 18 g

Zutaten für 8 Portionen:

- 200 g Mehl
- 1 TL Backpulver
- 1 TL Salz
- 150 ml Milch
- 40 ml Olivenöl
- 1 Ei
- 400 g Möhren
- 1 TL Kräuter der Provence
- 50 g geriebener Bergkäse
- 1 TL gehobelte Haselnüsse

Zubereitung:

1. Mehl mit Backpulver und Salz mischen.
2. Milch, Öl und Ei verquirlen und unter die Mehlmischung rühren.
3. Die Möhren raspeln und unterrühren.
4. Kräuter und Käse unter den Teig rühren.
5. Eine Muffinform einfetten, den Teig einfüllen und mit den Haselnüssen bestreuen.
6. Im vorgeheizten Backofen bei 180 Grad 30 Minuten backen.

Knuspertaler

Nährwertangaben: Kalorien: 51 kcal, Eiweiß: 1 g, Fett 3 g, Kohlenhydrate 7g

Zutaten für 40 Portionen:

- 150 g Margarine, milchfrei
- 80 g Kokosblütenzucker
- 1 Pck. Vanillezucker
- 200 g Mehl
- ½ TL Salz

Zubereitung:

1. Die Margarine in einem Topf schmelzen und wieder erkalten lassen.
2. Mit dem Kokosblütenzucker und dem Vanillezucker cremig aufschlagen.
3. Mehl und Salz unter kneten und den Teig zu 2 Rollen formen.
4. In Klarsichtfolie wickeln und 1 Stunde in den Kühlschrank stellen.
5. Mit einem schmalen Messer in Scheiben schneiden und die Plätzchen auf ein mit Backpapier belegten Backblech legen.
6. Im vorgeheizten Backofen bei 170 Grad 12 Minuten backen lassen.

Stollenkonfekt

Nährwertangaben: Kalorien: 101 kcal, Eiweiß: 2 g, Fett: 5 g, Kohlenhydrate: 11 g

Zutaten für 40 Portionen:

- 20 g Hefe
- 2 EL Zucker

- 50 ml Sojadrink
- 250 g Mehl
- 100 g Margarine
- 120 g Rosinen
- 50 g Zitronat
- 50 g gehackte Haselnüsse
- 100 g Marzipanrohmasse
- 50 g Margarine
- 50 Puderzucker

Zubereitung:

1. Hefe mit einem TL von dem Zucker und Sojadrink anrühren und gehen lassen bis sie Blasen wirft
2. Alle Zutaten für den Teig nach und nach unter arbeiten und an einem warmen Ort gehen lassen, bis sich der Teig deutlich vergrößert hat.
3. Teig zu einer Rolle formen, kleine Stücke abschneiden und Minibrote formen.
4. Auf einem Backblech bei 160 Grad Umluft ca. 20 Minuten backen.
5. Nach dem Backen die Stollen aus dem Ofen nehmen, Margarine schmelzen, auf die warmen Stollen streichen und eine dicke Schicht Puderzucker über das Konfekt streuen.

Ananas Kokos Muffins

Nährwertangaben: Kalorien: 176 kcal, Eiweiß: 2 g, Fett: 8 g, Kohlenhydrate: 23 g

- 200 g Mehl
- 50 g Kokosflocken
- 2 TL Weinstein Backpulver
- 75 g Zucker
- 60 ml Rapsöl
- 125 g Joghurt
- 250 g Ananasstücke
- Puderzucker

Zubereitung:

1. Zucker, Mehl, Kokosflocken und Backpulver mischen.
2. Joghurt und Öl zugeben und mit dem Mixer zu einem glatten Teig rühren.
3. Die Ananasstücke unterheben und die Muffins bei 180 Grad ca. 20 Minuten backen.

Möhren- Walnuss Muffin

Nährwertangaben: Kalorien: 242 kcal, Eiweiß: 3 g, Fett 13 g, Kohlenhydrate: 24 g

Zutaten für 12 Portionen:

- 150 g Zucker
- 1 Ei
- 80 ml Rapsöl
- 80 ml Milch
- 100 g Mehl
- 100 g gemahlene Walnüsse

- 1 TL Backpulver
- 300 g Joghurt
- 1 Pck. Vanillesauce
- 100 g geriebene Möhren
- 30 g Zucker
- 1 Stück Ingwer

Zubereitung:

1. Zucker, Mehl, Walnüsse, Ei, Rapsöl und Backpulver mit dem Mixer verrühren.
2. Bei 180 Grad auf dem Muffinblech ca. 25 Minuten backen.
3. Möhren, Ingwer und Zucker unter rühren andünsten.
4. Joghurt und Vanillesaucenpulver cremig aufschlagen und auf die Muffins streichen.
5. Mit Möhren garnieren.

Himbeerdessert

Nährwertangaben: Kalorien: 226 kcal, Eiweiß: 22 g, Fett 2 g, Kohlenhydrate: 29 g

Zutaten für 2 Portionen:

- 200 g Himbeeren
- 100 g Magerquark
- 200 g Naturjoghurt
- Saft einer Orange
- 1 EL Holunderblüten- Sirup
- 1 EL geröstete Kokosflocken

Zubereitung:

1. Orange auspressen.

2. Mit Quark, Joghurt, Holunderblütensirup zu einer Creme verrühren.
3. Mit Himbeeren und Kokosflocken mischen.

Danke

Vielen Dank, dass sie dieses Buch gekauft haben.

Wir hoffen, es hat Ihnen gefallen und Ihre Erwartungen haben sich erfüllt.

Wir wünschen Ihnen für Ihre Zukunft alles Gute und vor allem Gesundheit. Hoffentlich konnten Sie dafür etwas aus diesem Buch für sich mitnehmen.

Wir würden uns sehr darüber freuen, wenn Sie dieses Buch weiterempfehlen würden und ein Feedback in Form einer Bewertung da lassen.